育てやすい品種を選ぶだけ

世界一やさしい
バラづくり

Growing Roses
-the easiest way

京成バラ園
ヘッドガーデナー
ローズブリーダー

村上 敏

日本文芸社

Vanilla Bonica

やさしいバラを選べば、初心者でも美しく咲く

園芸上級者でなければ、上手に咲かせることはできない
のがバラ。虫がつく、お値段が高いうえに枯れやすいらし
しい。本を読むと専門用語がいっぱいでわかりにくい。
なんでもそうですが、できない、やらない理由は山ほど
あるのが世の常です。

案ずるより産むがやすし、まずは初心者向けのバラから
初めてみましょう。ひと昔前の初心者用のバラと比べ
ると、今のものは格段に育てやすく、そして美しくなり
ました。

日本は園芸熱が高いことから、育成の手ごたえを感じら
れるとても美しいバラから、放任でも育つバラまで、幅
広く販売されています。あまりに差があるのに、苗を見
ただけではそれがわかりません。

そこで、初心者でも扱いやすい品種を紹介するととも
に、そもそも丈夫な理由が違うのに初心者向きでひとく
くりにするのも乱暴だと思い、その点もわかりやすくし
ました。一回咲きのつるバラ、返り咲きの半つる、最新
の四季咲きで丈夫なものと分けてあります。

完全な無農薬、環境の悪い場所へ植えたあとの放置栽培
に耐えるバラは、さすがに四季咲きになるほど難しくな
ります。四季咲き種はせめて、草と虫だけはまめにとっ
てあげてください。もっとたくさん咲かせたいと思っ
たら、病気についても調べてみるといいでしょう。少な
くとも病気に脆弱でなくなったぶん、四季咲きであって
も枯れることなく毎年徐々に大きくなって、花数を増や
してくれることでしょう。

バラのある暮らしが、簡単に手にはいることを感じてく
れたなら幸いです。

村上 敏

人気のバラの移り変わり

日本で栽培が難しいのは
欧州で交配を重ねたから

人とバラのつながりは、数千年に及ぶともいわれています。北半球の地域では、それぞれの気候に適応した野生のバラがあります。そして、いくつかの地域で、それぞれの地に合うバラが園芸化されてきました。

バラが育てにくいのはそれもそのはずです。ここ200年ほどの間に環境の違うさまざまなバラ同士を交配することで、今までにない新たな植物を生み出そうとしてきた……その過程にあるからです。

ヨーロッパで改良が進んだことも、日本にとってバラの育成を難しくした原因のひとつです。夏にヨーロッパに行ったことがある方には、説明するまでもないでしょう。空気がカラッと乾いていて汗が流れる前に乾くので、木陰に入るだけで涼しく感じます。

冬の富士山がくっきり見えるのは、空気が乾いているから。これが、日本海側よりも寒く感じる理由でもあります。

そんな過ごしやすい夏の気候でつくられたバラは、日本の高温多湿では弱りやすく、雨が多いことで黒星病になって葉を失いがちです。生まれた環境自体が違うのです。逆に言えば、日本で元気に育つバラは、世界一（温帯域で）育てやすいバラとも言えるのです。

もともとは香料作物
美しく丈夫だが、一回咲き

さて、バラは紀元前から栽培されていますが、そもそも作物です。香りに抗菌作用があり、かつ精神を安定させる効能が古来より信じられており、バラの歴史のほとんどを占めます。ヨーロッパに初めに渡ってきたバラが、**ガリカ オフィキナリス**と言われています。花びらの収穫量を上げるため、香りがよく大輪で八重咲きのものが選ばれ、残されてきました。香料作物としては、今でも**ダマスクローズ（カザリンク）**が主流です。

西洋のバラだけで発達した最終形態としては、百花弁を意味するセンティフォーリアの系統や、丈夫で育てやすいアルバ系統があります。残念ながら年に一度しか咲かないのですが、これらのバラは比較的丈夫で育てやすく、美しいものが多いです。

シノワズリーの頂点
真赤なバラを創出

18世紀に西洋人が東洋へ進出した大航海時代、東洋で独自に発達していたバラを使って革命が起こります。西洋のバラにはなかった、①完全な四季咲き性、②淡い黄色の花、③紅茶の缶を開けた時のようなティー香、④太陽にあたると

ガリカ オフィキナリス

カザリンク

センバ フローレンス

ロサ フェティダ

色が赤く変化する色変わり性、⑤花びらが反り返る剣弁寄りの花形、⑥なんといっても真赤な花色です。

ちなみに、赤バラと白バラの紋章同士が争った「ばら戦争」の赤バラはバラ色を指し、ローズピンク色のことです。

東洋から新しい文化・舶来物として、紅茶や磁器がもてはやされた時代のことです。**センバ フローレンス**を改良して、「剣弁高芯の完全四季咲きで、香り高い真赤な大輪のバラ」を作出する夢は、バラ界のシノワズリーの頂点と言えるものでしょう。

今までに見たことのないバラが入ってきたことで、新しいバラを生み出すことに熱狂したことは、ごく自然なことだったと思います。不思議なことに、東洋、西洋両方のバラは共にさほど気難しくないのに、これらの雑種には病気に脆弱(ぜいじゃく)なものが多く見られるのは興味深いことです。

夢の真黄色のバラが誕生
丈夫さより、美を最優先に

さらに、19世紀バラ界を熱狂させたのが黄色のバラ。乾燥地帯に生える真黄色で柑橘系の香りを含む**ロサ フェティダ**と、当時最先端の返り咲きのバラの交配に成功。**ソレイユ ドール**が誕生します。今まで不可能とされた真黄色のバラ

が、夢ではなくなったのです。

ただし、色と香りというプラス面だけではなく、雨の抵抗力がないので黒星病にきわめてもろいというマイナス面をバラ界にもたらします。ここで、黄色のバラと今までになかった杏色を、シノワズリーの潮流に加える動きが活発化しました。完全四季咲きで、どれだけ革新的な色・形・豪華さ・花の量・香りの素晴らしさを兼ね備えたバラを、誰が最初につくるかを追求する時代が20世紀だったといえるでしょう。

ちょうど第二次世界大戦の副産物として登場する殺虫剤・殺菌剤・化学肥料、これらを駆使して虫も病気も防除できるようになってくると、丈夫さよりも美を最優先で開発するようになりました。この過程で、耐病性の欠如、不釣り合いな花の大きさと花の量、香りの高さ、そして四季咲き性をもち合わせてしまいました。本来、生き残るために必要な葉が増えにくく、養分を使い込む花がたくさん咲くようになりました。それが求められた時代でした。

20世紀にもてはやされた
完全四季咲き・芳香・大輪

20世紀は、バラ栽培が一般に普及した時代。まず人気を博したのは、完全な四季咲きで芳香・大輪、なおかつ木姿もこんもりと形よく整うバ

ラ フランス

ソレイユ ドール

パパ メイアン

ミスター リンカーン

ラです。最初のハイブリッド・ティーとして有名なのが**ラ フランス**。

近年、日本で人気のあった花壇用のバラとしては、黄色の**ピース**、香しい赤バラとして、**パパ メイアン、オクラホマ、ミスター リンカーン**があります。作出した人は異なりますが、同じ両親のバラから生まれた黒赤のバラです。

紫と茶色は日本で特異的によく売れるバラですが、紫系では**ブルー ムーン**や**シャルル ドゴール**、茶色では**ジュリア**などが挙げられます。日本生まれのバラも多くあります。白に赤い縁取りの**聖火**、黄色の剣弁高芯咲きの**天津乙女**、茶色の**ブラック ティ**などです。これらは50年以上前に生まれ、当時としては美しさと育てやすさを両立したバラと言えるのではないでしょうか。

つるバラもさまざまな流行がありました。狭い庭で初心者でもよく咲く性質は共通です。どこを見てもこのバラが目に入る、そんな状況でした。

50年ほど前は1回咲きですが、**キング**や**エクセルサ、ドロシー パーキンス**、40年ほど前からは返り咲くものに切り替わり、**カクテル**、30年ほど前なら**アンジェラ**、20年ほど前から**ピエール ドゥ ロンサール**（おそらく今、日本でもっとも売れているバラだと思います）。日本生まれのバラであれば、剣弁高芯の美しい**新雪**と羽衣でしょう。新しいバラの潮流として注目されたのが、**ノック アウト**です。アメリカでバラのシェ

アの大半を占め、爆発的な人気です。広い庭の中で、ずっと咲き続けます。

人や環境にやさしいバラ
美と育てやすさを両立

そして現代、先進国の経済の衰退、環境への意識の高まりを受け、人や環境にやさしいバラが求められるようになりました。19世紀、20世紀のバラの中にも丈夫なバラはありますが、銘花と呼ばれるバラたちは、美と育てやすさを比較的高度に両立しています。ただし、園芸初心者にとっては、まだまだ難しいものといえるでしょう。

バラ栽培が難しいと思われる理由は、次の2点に集約されます。①とても丈夫だけれども、大きくなり過ぎて困る一回咲きのつるバラ。②素晴らしい官能的な花を何度も繰り返し咲かせるものの、半端なく手間・暇をかけて育てる完全四季咲きのバラ。この両極端なバラが、同じバラとして扱われているということも原因かと思われます。

ヨーロッパでは、公共の場所に面したところでの農薬散布が、2020年からできなくなりました。日本では、農薬への抵抗感はあまり高まっていませんが、手間をかけずに咲くバラは求められています。

聖火

カクテル

ガーデン オブ ローゼズ

ディープ ボルドー

日本で元気に何度も咲けば
世界一やさしいバラ

ヨーロッパからは耐病性の高い品種が、今後多く発表されるでしょう。最初にふれた通り、日本は高温多湿ですから、西洋で元気でも日本では十分な力が発揮できないことがよくあります。耐病性が低くなることもあれば、丈夫だけれどもつる化して四季咲き性が発揮されないなど、実際に育ててみないとわからないものです。2000年ごろに流行ったイングリッシュローズなどは、この典型例です。しかも、北海道に至っては、ヨーロッパよりも低い緯度にあるにもかかわらず、ヨーロッパより冷え込むので、耐寒力も必要です。日本で元気にたくさん何度も咲くバラがあれば、それは世界一やさしいバラと言えるのではないでしょうか。

育てやすいやさしいバラをつくる道は、いくつかあります。簡単なのは、次の3点です。（A）花の咲く回数を、野生種のように初夏1回にする。（B）体を大きくする。（A）と（B）を兼ね備えたのが、一回咲きのつるバラ。気難しいバラの時代に生まれたバラでも、生き残ってきた品種の多くは背が高く伸びる性格でした。（C）耐病性を上げる。ウドンコ病、黒星病に抵抗力がある葉を実装する。これが今、急ピッチで進められています。現在はまだ（B）の段階のものが多く、新品種も半つると呼ばれるシュラブ

系が多く見られます。

ほぼ無農薬でも育つ
やさしいバラが登場

まだ、「完全四季咲き性、豪華な花、濃厚な香り、大きくなり過ぎない」といった、すべてを兼ね備えたバラはごく少数です。

しかし、今までなかったレベルの、やさしいバラたちが発表されてきています。現時点でも、特性を活かせば従来とは比べ物にならない手軽さで、バラが楽しめるようになってきました。完全な無農薬にはまだ届かないものが多いのですが、必要なときに数回散布すれば、家庭レベルでは十分楽しむことができる時代となってきています。

ひと昔前であれば、**ガーデン オブ ローゼズ、ボレロ**などですが、近年ではほぼ無農薬でもなんとかなる**ディープ ボルドー、クー ドゥ クール、シャリマー**など、バラの新しい世界を垣間見ることができる、素晴らしいバラたちが登場してきています。

私たちの管理する京成バラ園では、最弱のバラに合わせて4月から10月まで毎週の薬剤散布が欠かせません。それに比べたら、手間は2割ほどに減ると感じてしまいます。この機会に是非、バラの楽しさにふれてみてください。

クー ドゥ クール

シャリマー

C o n t e n t s

本書の見方 ──────── 11

Chapter
Rose picture book **1**
広い面を覆う
つる仕立て専用の
「つる性のバラ」 ──────── 12
One flash climber roses

Chapter
Rose picture book **2**
狭い庭でも
つる仕立てにできる
「半つる性のバラ」 ─────── 22
Return bloom climber roses

Chapter
Rose picture book **3**
花壇の木立仕立てに向く
「小型の半つる性のバラと
木立性のバラ」 ──────── 58
Small shrub & bush roses for flower bed

Chapter 4
バラの
基本の育て方
How to grow

苗の種類 ──────── 106
基本の道具 ──────── 108
バラの好む環境 ──────── 110
肥料の与え方 ──────── 112
春から秋の基本作業 ──────── 114
冬の基本作業 -誘引・剪定- ─── 116
花のでき方による、管理法の違い ─118
剪定実践 class-1 ──────── 120
　一回咲き つるバラ編
剪定実践 class-2 ──────── 122
　木立性・半つる性バラの
　「木立仕立て」編
剪定実践 class-3 ──────── 126
　つるの長さのコントロール編
　(一回咲き、その他共通)

Chapter 5
美しいバラの
ガーデンスタイル
Garden style

Plan 1　寄せ鉢の手法で、アプローチ・ガーデン ─────── 130
Plan 2　バラ1本だけで、スモールガーデン ─────── 132
Plan 3　オベリスクを使った、立体的なガーデン ─────── 134
Plan 4　バラが咲き乱れる、ドリームガーデン ─────── 136
Plan 5　庭石や水を配した、和モダンガーデン ─────── 140

INDEX ──────── 142

Popcorn Drift

Blanc Pierre de Ronsard

本書の図鑑では、初心者でも育てやすい、次の３つの分野を紹介

Chapter **1**　野生種の基本の「一回咲きのつる性」
（今まで、オールドローズやつるバラの一部という形で紹介されていた分野）

Chapter **2**　長い枝に葉がたくさんつくぶん丈夫に育ち、
深く剪定しても春は咲く「返り咲きの半つる性」
（返り咲きのつるバラや、つるを冬に短く切るイングリッシュローズという形で、紹介されていた分野）

Chapter **3**　最新の育てやすい
「返り咲く短い半つる性」と、「完全四季咲き性」

---

1 種名・品種名
野生種やこれに順じるものは種名、交配種は品種名を表記

2 学名や品種名の英・独・仏語
野生種はラテン語。品種名は基本的に英語、もしくは作出国での販売名

3 つくりやすさ
★★★
植え場所が適切なら、放任でも成長する。弱ったら咲かせない（蕾を小さなうちに除く）。虫がたくさん出たら除く
★★
放任でも育つが★★★の作業に加えて、温暖地では黒星病の殺菌剤を梅雨や秋雨など長雨前に、寒冷地では葉に埋もれた蕾が見えたころウドンコ病に効く薬を散布
★
放任では育たないので、★★の作業に加えて、定期的に殺菌剤を散布（2週に一度）

4 分類
樹形
HT（ハイブリット・ティー）
つる性の枝が出ない大輪四季咲きの自立する木立性

F（フロリバンダ）
つる性の枝が出ない中輪四季咲きの自立する木立性

M（ミニチュア）
つる性の枝が出ない小輪四季咲き（ミニバラ）の自立する木立性

MIN（ミニチュア・ローズ）
小さな花が次々に咲く。鉢での管理に適し、ベランダでの生育も可能

S（シュラブ）
半つる性（元気になるほどつる化し、一回咲き以外花壇仕立ても可能）

SF（ソフト・フロリバンダ）
中輪四季咲きだが、枝が柔らかく程よく短いつるも出て誘引できる

SM（ソフト・ミニチュア）
小輪四季咲き（ミニバラ）だが、枝が柔らかく程よく短いつるも出て誘引できる

CL（クライミング）
つる性の太めで長い枝が必ず出る（花壇仕立てには向かないもの）

R（ランブラー）
とても細くてしなやかな長いつるが必ず出る（今回は一回咲きのものを選んだ）細い枝も、将来は太く成長する

SP（スピーシーズ）
原種、野生種

※ Type の意味は、各章扉を参照

5 開花習性
一回咲き　春に一回だけ咲く
四季咲き　生育に適した環境・気温であれば、定期的に咲く
返り咲き　春に1回たくさん咲いた後、不定期に花が咲く。秋にも咲くことがある

6 花色
季節や環境、花の開くステージによって変わることがある

7 花径（関東基準）
春の標準サイズ、夏花はさらに小さくなる

8 伸長　木の高さや、つるの伸びる長さ

9 作出　作出（社）・作出国・発表年

10 芳香　強香、中香、弱香、微香

11 寒冷地　つる仕立てにできるかどうか

12 鉢　鉢植えのつる仕立てに合う構造物とサイズ

13 庭　庭植えのつる仕立てに合う構造物とサイズ

14 つるに仕立てに合う構造物とサイズ

---

1 フロレンティーナ Ⓟⱽᴾ
2 *Florentina*
3 ✿ ✿ ✿

4	分類　S　Type1	花色　赤 **6**
5	開花習性　返り咲き	
7	花径　7〜9cm	伸長　2〜3.5ｍ **8**
9	作出　コルデス（ドイツ）2011年	
10	芳香　微香	寒冷地　可能 **11**

太陽の光に当たると輝く赤色となり、非常に美しい。半日陰でも咲く丈夫さがあるが、日が射す場所で咲かせてほしい。丈夫で放任しても、アーチを華麗に飾るたくましさがある。2016年 ADR 認証。

栽培のポイント
枝はよい時にはしなやかで扱いやすく、高さ2mほどの平面に広げるように誘引する仕立てが花数を最大に引き出せるおすすめ。枝数が多いので、ボール仕立てにしてまって上に誘引しても、剪定した枝先が全面になるように調整すれば、株元から枝先まで花がびっしり咲く。高さ1mの柵には向かないが、アーチにするなら幅1.8mほどがおすすめ。小さ過ぎると持て余してしまう。

12 🏠 ⌒ ⋀ 🛒 **13**

	タイプ	⌒ アーチ	⋀ オベリスク	🛒 トレリス	▦ フェンス
		間口	有効長	高さx幅	高さx幅
鉢植え	A	−	0.9m〜1.1m	−	0.6〜1m×0.5〜0.8m
	B	1m〜1.2m	1.1m〜1.4m	−	1〜1.5m×0.5〜0.9m
庭植え	C	1m〜1.2m	1.4m〜1.8m	−	1.8〜2m×0.5〜0.9m
	D	1.2m〜1.5m	1.8m〜2.2m	1.8m×2〜3m	1.8〜2m×0.9〜1.5m
	E	1.5m〜2m	2.2m〜	2m×3〜5m	
	F	−	−	1.2m×3〜4m	

※高さは埋め込み部分と飾り部分を除く
※オベリスクの有効長＝全長－埋め込み＋（飾りの長さ＋ 10 cm）

＊：一回咲きのみに使われる記号。夏までに切り詰めればこのサイズの構造物に収まる。例） ⌒
B＊

Ⓟ PVP マークがついている品種は、農林水産省に品種登録済、もしくは品種登録出願公表済です。登録者の許諾なく、無断で苗木の繁殖・販売を行うことはできません。

Ⓡ　登録商標
TM　商標（登録されているか否かには関わらない）

ADR 認証とは
ドイツで実施される、観賞性と強健性の評価試験。ドイツ全国の 11 カ所の庭園で 3 年に渡って、薬剤を使わず冬季の手入れもすることなく生育させ、花の美しさ・優れた耐寒性・耐病害虫性などを評価。基準をクリアしたバラにのみ、ＡＤＲの認証が与えられる。手間がかからず、育てやすい品種が揃っている。
出典：https://ec.keiseirose.co.jp/static/kikaku/plan_250.html

François Juranville

Chapter
Rose picture book

1

One flash climber roses

広い面を覆う
つる仕立て専用の
「つる性のバラ」

Type1 とても長く伸びるつるバラ

Type2 つるばら

アルベリック バルビエ

Albéric Barbier

★ ★ ★

分類	R　Type1		
開花習性	一回咲き	花色	白
花径	5〜6cm	伸長	3〜6m
作出	バルビエ（フランス）1900年		
芳香	中香	寒冷地	可能

白い小花がびっしりと咲く。枝はしなやかに細く長く伸び、優雅な雰囲気。枝垂れ咲くので、目線より上に誘引して咲かせる。

栽培のポイント

フランソワ ジュランビルと同じで、日本のテリハノイバラの血統。枝がしなやかで下に向かっても長く伸びやすく、地面に接したところから根を張って増える。適宜誘引し、ボサボサに茂るのを防ぐ。細い枝は折れやすいので注意が必要。また、古い枝は柔らかいが太くなり、若い枝ほどは曲がらなくなってくる。性質はいたって強健。株元に小枝をまわして、花が株元にも咲くように調整する。育てる手間は少ないが、小さく収める手間がかかる。

鉢 B* AB* AB*　　庭 CD* CD* C* D*EF

フランソワ ジュランビル

François Juranville

★ ★ ★

分類	R　Type1
開花習性	一回咲き　花色 ピンク
花径	5〜6cm　伸長 3〜6m
作出	バルビエ（フランス）1906年
芳香	中香　寒冷地 可能

柔らかな甘さのあるティー系の香りに心が和
む。枝が垂れ下がっても伸び続ける、数少な
い品種。秋までひたすら長く伸びて広大な面
積を覆い、初夏には圧巻の風景が堪能できる。
また、夏までつるを切り続ければ、小さく家
庭のアーチに収めることも可能。下を向いて
咲くので、できれば目線より上に誘引したい。
枝は細くて柔らかく誘引が容易だが、折れや
すいので丁寧に扱う。

栽培のポイント ————————

（アルベリック バルビエと同じ）

鉢　B*　AB*　AB*　　庭　CD*　CD*　C*　D*EF

ポールス ヒマラヤン ムスク

Paul's Himalayan Musk

★ ★ ★

分類	Sp Type1		
開花習性	一回咲き	花色	ピンク
花径	4〜5㎝	伸長	3〜6m
作出	ポール（イギリス）1899年		
芳香	弱香	寒冷地	可能

桜のような小花が降り注ぐように群れ咲く姿に、惚れない人はいないはず。たおやかで繊細な枝ぶりだが、放任でもどんどん枝を伸ばし成長する、たくましいバラ。枝を伸ばし続けて壁一面に咲かせても、夏まで切り続けて株を小さくすることもできる。目線より上で楽しみたいので、大型のアーチやパーゴラに。

栽培のポイント

細く長いたおやかな枝が上に伸びた後、自重に耐えられず垂れ下がる。小さく収めるなら7月いっぱい出てくる枝をどんどん切って枝数を増やし、細い枝をたくさん出させる。細い枝にもよく咲く。柔らかな枝も最後には太く堅く成長するので、株元に咲かなくなることを前提に管理。細くしなやかなつるが、誘引のときにまとわりつくので、長いつるはグループごと束ねて整理する。

鉢 B* AB* AB* 庭 CD* CD* C* D*EF

Rose
picture
book
1

Rose
picture
book
2

Rose
picture
book
3

How to
grow
4

Garden
style
5

ナニワイバラ

Naniwa-Ibara

★ ★ ★

別名【Rosa laevigata, Camellia Rose, Cherokee Rose, Mardan Rose, Rosa amygdalifolia, Rosa argyi, Rosa cucumerin, Rosa hystrix, Rosa nivea, Rosa sinica, Rosa ternata, Rosa trifoliata, Rosa triphylla, Rose de Chine à fleurs blanches, Rosier toujours vert de la Chine】

分類	Sp Type1	
開花習性	一回咲き	花色 白
花径	6〜8cm	伸長 2〜4m
作出	野生種	
芳香	中香	寒冷地 極寒地不可

大きくてたっぷりとした、白い花が豪快に咲き乱れる。とても長くつるが伸びるので、家一軒覆うことも可能。半常緑性で小葉3枚、特徴的な革質の葉を見れば、花がなくてもナニワイバラとすぐわかる。

栽培のポイント

カミキリムシと完全凍結だけが敵という、最強ランクのつるバラ。暑さに強く、病気になって苦しむ姿も、虫に葉を食べられて寂しい姿も見たことがない。育てる手間より、収める手間のほうが何倍も大変なタイプ。7月まで枝を切って、小さく抑え込むとよい。木に絡めても素敵だが、よほど大きな木ではない限り、木のほうが飲み込まれて弱ってしまう。伸ばし放題にすると、枝が太く成長し、自由に曲がらなくなってくる。若い枝が誘引しやすいだけに、この点は注意が必要。

モッコウバラ 黄八重

Rosa banksiae lutea

★ ★ ★

|分類｜R　Type1
|開花習性｜一回咲き｜花色｜黄
|花径｜2〜3㎝　｜伸長｜3〜6m
|作出｜不明（中国）1824年頃記録
|芳香｜微香

完全にトゲが抜けているので、バラとわから
ない人もいる。小花が群れ咲き、華やか。モッ
コウバラの中では、もっとも香りが薄い。

栽培のポイント ───

極寒地では枯れ込み、亜熱帯では花が咲かずにつる
だけ伸びる。枝が細く長く伸び、細い枝によく咲く
ので、細い枝は大事に扱う。太い枝には花が咲きに
くく、年月が経つと枝が太くなって曲がらなくなっ
てくる。芽出し期が早いので、誘引はなるべく早め
にする。1回咲きなので、誘引中に花芽が取れたぶん、
花が減る。育てるのはとても簡単だが、小さく収め
るのに手間がかかる。

| 鉢 | B* | AB* | AB* | ABC | 庭 | CD* | CD* | C* | D*EF |

モッコウバラ 黄一重

Rosa banksiae lutescens

★ ★ ★

分類	R　　Type1
開花習性	一回咲き｜花色｜黄
花径	2〜3cm　｜伸長｜3〜6m
作出	中国自生
芳香	中香

完全なトゲなし。一重なので花もちは悪い。
清楚な花が群れ咲く姿は愛らしく、自然風の
庭によく合う。香りがある。

栽培のポイント

極寒地では枯れ込み、亜熱帯では花が咲かずにつる
だけ伸びる。枝が細く長く伸び、細い枝によく咲く
ので、細い枝は大事に扱う。太い枝には花が咲きに
くく、年月が経つと枝が太くなって曲がらなくなっ
てくる。芽出し期が早いので、誘引はなるべく早め
にする。1回咲きなので、誘引中に花芽が取れたぶん、
花が減る。育てるのはとても簡単だが、小さく収め
るのに手間がかかる。

鉢 B* ∩ AB* ⋔ AB* ⨄ ABC ⊞　庭 CD* ∩ CD* ⋔ C* ⨄ D*EF ⊞

モッコウバラ 白八重

Rosa banksiae alba

★ ★ ★

分類	R　Type1		
開花習性	一回咲き	花色	白
花径	2〜3cm	伸長	3〜6m
作出	中国産		
芳香	中香		

香りがあって花もちもよいので、香り重視ならばこの品種がおすすめ。たまにトゲがある。

栽培のポイント

極寒地では枯れ込み、亜熱帯では花が咲かずにつるだけ伸びる。枝が細く長く伸び、細い枝によく咲くので、細い枝は大事に扱う。太い枝には花が咲きにくく、年月が経つと枝が太くなって曲がらなくなってくる。芽出し期が早いので、誘引はなるべく早めにする。1回咲きなので、誘引中に花芽が取れたぶん、花が減る。育てるのはとても簡単だが、小さく収めるのに手間がかかる。

鉢 B* AB* AB* ABC　庭 CD* CD* C* D*EF

モッコウバラ 白一重

Rosa Banksiae Normalis

★ ★ ★

分類	Sp　Type1		
開花習性	一回咲き	花色	白
花径	2〜3cm	伸長	3〜6m
作出	中国自生		
芳香	中香		

強い香りがする。野生種そのもので、花の期間は短く、トゲは普通にある。大きな木に絡ませて放置できるような環境があれば、よさを活かせる。

栽培のポイント

（モッコウバラ 白八重と同じ）

鉢 B* AB* AB* ABC　庭 CD* CD* C* D*EF

Rose
picture
book
1

Rose
picture
book
2

Rose
picture
book
3

How to
grow
4

Garden
style
5

スパニッシュ ビューティー

Spanish Beauty

★ ★ ★

分類	CL　Type2	
開花習性	一回咲き	花色	ピンク
花径	13cm	伸長	2〜3m
作出	ドット（スペイン）1929年	
芳香	強香	寒冷地	伸びにくい

優雅にひらひらと波打つ花びら、目を惹く大きな花でありながら、あっさりしたつつましさ。濃厚なダマスク香に包まれる幸せ。

栽培のポイント

これほどの満足感を得られるなら、初夏に一度咲くだけでも許せてしまう。下を向いてたくさんの花が咲くので、目線より上に誘引するアーチ・パーゴラ・壁面に向く。

庭 ⌒ 木 田
E E E

Rose de Granville

Chapter 2
Rose picture book

Return bloom climber roses

狭い庭でも
つる仕立てにできる
「半つる性のバラ」

Type 1 日本の温暖地では、つるの
先からつるが継ぎ足して伸び、
とても長く伸びることが
確認できているタイプ
つる仕立てがおすすめ

Type 2 日本の温暖地では、
つるとして扱いたい

Type 3 日本の温暖地では、
短めのつるとしても扱える
木立仕立てにも向く

Type 4 日本の温暖地では、
小さなつる仕立てに使える
木立仕立てにも向く

アンジェラ

Angela

★ ★

分類	S　Type1		
開花習性	返り咲き	花色	ピンク
花径	4〜5㎝	伸長	2〜4m
作出	コルデス（ドイツ）1988年		
芳香	微香	寒冷地	伸びにくい

カップ咲きの花が覆い尽くすように咲く姿は圧巻。元気な枝には大きな房で咲く。花弁の外側のほうの色が濃い。

栽培のポイント ───────

寒冷地ではつるにならない。生まれたドイツではさほど伸びないので、生垣のような使い方がおすすめ。日本の温暖地ではつるに仕立てたほうが丈夫に育つ。秋口からは花枝が長く伸びるようになる。枝数が多いので多くの構造物にマッチし、各種のつる仕立てに適応する。木立仕立てにもできる。

鉢　B　B　B　　庭　DE　DE　E

ジャスミーナ (PVP)

Jasmina

★ ★ ★

分類	S　Type1		
開花習性	返り咲き	花色	ピンク
花径	6〜7㎝	伸長	2〜3.5m
作出	コルデス（ドイツ）2005年		
芳香	微香	寒冷地	可能

花が滝のように降ってくる景色にうっとり。たくさんの花が咲き、ハート型の花弁が散り落ちる。2007年ADR認証。

栽培のポイント ───────

目線より上に誘引することがポイント。花つきをよくするには、冬の誘引で枝を横に倒す。目の粗いパーゴラ（藤棚）に仕立てると、枝が垂れ下がって咲くので、最高に美しい。枝が下に落ちやすくなるように、誘引することが大事。ほぼ春咲き。

鉢　E　B　　庭　E　E　E

フロレンティーナ (PVP)

Florentina

★ ★ ★

分類	S　Type1		
開花習性	返り咲き	花色	赤
花径	7〜9cm	伸長	2〜3.5m
作出	コルデス（ドイツ）2011年		
芳香	微香	寒冷地	可能

太陽の光に当たると輝く赤色となり、非常に美しい。半日陰でも咲く丈夫さがあるが、日が射す場所で咲かせてほしい。丈夫で放任しても、徐々に成長するたくましさがある。2016年ADR認証。

栽培のポイント

枝は太い割にはしなやかで扱いやすく、高さ2mほどの平面に広げるように誘引するつる仕立てが花数を最大に引き出せるのでおすすめ。枝数が多いので、ポール仕立てにしてまっすぐ上に誘引しても、剪定した枝先が全面にあるように調整すれば、株元から枝先まで花がびっしり咲く。高さ1mの柵には向かないが、アーチにするなら幅1.8mほどがおすすめ。小さ過ぎると持て余してしまう。

鉢 ∩ B　⋏ B　⊞ B　　庭 ∩ DE　⋏ DE　⊞ E

新雪

Sinsetsu

★ ★

分類	S　Type1
開花習性	返り咲き	花色	白
花径	10〜11㎝	伸長	2〜3m
作出	京成バラ園芸（日本）1969年
芳香	微香	寒冷地	伸びにくい

凛とした切り花がたくさんとれる。花の美しさ、育てやすさから、愛され続ける名花。実ができやすく赤く美しいが、千葉（京成バラ園）では、秋までに黒く変色してしまう。

栽培のポイント ────

古い枝もしなやかだが、狭い場所には向かない。壁面やカーポート、大型アーチ向き。株が古くなると古枝の途中から太いシュートが出るので、株元の枝が少なくなる。木立仕立てにしても、春はたくさん咲く。

庭 ∩ 田
　 E E

Rose
picture
book
1

Rose
picture
book
2

Rose
picture
book
3

How to
grow
4

Garden
style
5

羽衣

Hagoromo

✿ ✿

分類	S　Type1
開花習性	返り咲き　花色　ピンク
花径	10～12cm　伸長　2～3m
作出	京成バラ園芸（日本）1970年
芳香	微香　　　　寒冷地　伸びにくい

巻き上がるバラ特有の花が、羽衣のように株
を包み、桃色に染め上げる。花枝も長めなの
で、切り花がたくさんとれる。

栽培のポイント

比較的しなやかなので低いフェンスに誘引してしま
いがちだが、古い枝は曲げにくいので後悔すること
に。緩やかに誘引できる高さ2mほどの壁面かフェ
ンス、幅1.8m以上のアーチに誘引するほうが真価
を発揮。木立仕立てもできるが、つる仕立てのほう
が満足感は高い。

グレーフィン ディアナ ^{PVP}

Graefin Diana

★ ★ ★

分類	S　　Type2		
開花習性	四季咲き	花色	赤
花径	11㎝	伸長	1.5〜2.5ｍ
作出	コルデス（ドイツ）2012年		
芳香	中香	寒冷地	伸びにくい

香りがよく、きりっとした気品あるバラなの
に、初心者でも大丈夫。こういったバラは非
常に少ない。トゲが多いので通路からは離し
たほうが扱いやすい。つる仕立てもでき、花
がたくさん咲くので、香りの切り花として飾
れる。2014年、ADR認証。丈夫で耐寒性も
高い。

栽培のポイント

若い枝は柔らかいので、直立に伸びるが枝がしなっ
て広がりやすい。元気になると、半つるの枝が伸び
るようになる。若いつるは誘引しやすいが、数年経
つと堅くなるので、つる仕立ての場合は平面に緩や
かに誘引するほうが安心。花枝が長めなので、つる
仕立てにしても開花時は広めの場所を必要とする。
通路から1ｍ以上は離したい。木立仕立てもできる。

桜衣 ^{PVP}

Sakuragoromo

★　★

分類	S　　Type2
開花習性	返り咲き　花色　ピンク
花径	7～10cm　伸長　1.5～2.5m
作出	京成バラ園芸（日本）2019年
芳香	微香　　寒冷地　伸びにくい

巻き上がるバラ特有の花が、羽衣のように株を包み、桃色に染め上げる。花枝も長めなので、切り花がたくさんとれる。伸びにくい。

栽培のポイント

比較的しなやかなので低いフェンスに誘引してしまいがちだが、古い枝は曲げにくいので後悔することに。緩やかに誘引できる高さ2mほどの壁面かフェンス、幅1.8m以上のアーチに誘引するほうが真価を発揮。木立仕立てもできるが、つる仕立てのほうが満足感は高い。

庭　Ｅ　Ｅ

ピエール ドゥ ロンサール®

Pierre de Ronsard（Eden、Eden Climber、Eden Rose 85）

★ ★

分類	S　　Type2		
開花習性	返り咲き	花色	ピンク
花径	10〜12cm	伸長	2〜3m
作出	メイアン（フランス）1986年		
芳香	微香	寒冷地	伸びにくい

いま日本で一番売れているバラ。緑を帯びた
蕾が白くなり、開くと中からピンク色の花弁
がぎっしりと湧き上がってくる、ころっとし
た大輪。このピンク色は、気温が高いほど淡
くなる。苗を植えたばかりのときなどに咲く
力のない花は、花びらの枚数が減ってあっさ
りした顔になることがよくある。

栽培のポイント

庭に植えると太く堅い枝になり、つる仕立ては意外
と限られるので注意。緩やかに高さ2mほどの平面
に誘引すると無理がない。寒冷地ではつるにならな
いので、木立仕立てが向く。日当たりや管理が悪い
とベーサルシュートが出にくいので、なるべく日な
たで育てる。元気であれば、何年たってもベーサル
シュートは生えてくる。

庭 ∩DE 木DE 田DE

Rose
picture
book
1

Rose
picture
book
2

Rose
picture
book
3

How to
grow
4

Garden
style
5

ブラン ピエール ドゥ ロンサール®

Blanc Pierre de Ronsard

★ ★

|分類| S　Type2
|開花習性| 返り咲き　|花色| 白
|花径| 10〜12cm　|伸長| 2〜3m
|作出| メイアン（フランス）2005年
|芳香| 微香　　　　|寒冷地| 伸びにくい

ピエール ドゥ ロンサールの枝変わり。「ブラン」はフランス語で「白」の意味で、多くの場合は芯がほんのりピンクに色づいて可愛い。気温が高いときは、最終的に白くなる。

栽培のポイント ────────
ピエール ドゥ ロンサールと同じ。

庭 DE　∩ DE　木 DE　田

31

ピエール エルメ

Pierre Hermé

★ ★ ★

分類	S　Type2		
開花習性	繰り返し咲き	花色	アプリコット
花径	9〜11㎝	伸長	1.6 m
作出	アンドレ エヴ（フランス）2018年		
芳香	中香	寒冷地	伸びにくい

ひらひらとしたフルーティーな香りのする花を、たくさん春に咲かせる。樹勢があり、伸びやすいので、木が落ち着いてくる数年後から、秋の花も咲きはじめる。

栽培のポイント

木立仕立てもできなくはないが、枝は堅くよく伸びるので、2mほどのポール仕立てが向く。株元からポールの先まで、剪定した枝先をまんべんなく配置すると、ポール全体に花を咲いてくる。木が育ってしまえば、無肥料・無農薬も可能（庭植限定）。

鉢	B			庭	DE	D	D

パートナー

Partner

★ ★ ★

分類	S　Type2		
開花習性	返り咲き	花色	アプリコット
花径	7〜9㎝	伸長	1.8 m
作出	アンドレ エヴ（フランス）2020年		
芳香	強香	寒冷地	伸びにくい

まさにガーデニングのよきパートナー。あまり手をかけずに美しく。そして、フルーティーに強く香る花が、秋まで楽しめる。気温が低い時期は、カップが深くなる。

栽培のポイント

返り咲くシュラブ樹形。木立仕立てにして、花壇後方を彩るとよい。病気に強く、長雨前の薬剤散布だけで葉が保てる。無肥料・無農薬でも成長するたくましさがある。

鉢	B	B	B	庭	D	DE	D	DE

イルミナーレ ㊟

Illuminare

★ ★ ★

分類	S　Type2		
開花習性	返り咲き	花色	黄
花径	8〜10㎝	伸長	1.8〜2.5 m
作出	コルデス（ドイツ）2016年		
芳香	微香	寒冷地	伸びにくい

きりっと凛々しい蕾ではじまるが、緩くほどけるように開いて、やさしい花姿に。非常に育てやすいが、巨大にならず扱いやすい。トゲも少なくて初心者向き。2017年ADR認証。

栽培のポイント

枝は細く長く伸びるので誘引しやすい。ポール仕立てのようにまっすぐ立てて誘引しても、枝が多いことも手伝って株元から枝先までよく咲く、テクニック不要の扱いやすさ。花枝は短くきゃしゃなので、誘引に沿って下向きに咲く。なるべく見上げる位置で咲かせたい。

クリスティアーナ ㊶

Christiana

★ ★ ★

┊分類┊ S　Type2
┊開花習性┊ 返り咲き ┊花色┊ 白
┊花径┊ 8cm　　　　┊伸長┊ 1.8～2.5m
┊作出┊ コルデス（ドイツ）2013年
┊芳香┊ 強香　　　┊寒冷地┊ 伸びにくい

薄い花びらが重なり合い、繊細で華やかな印象の花。甘い香りとレモンのような爽やかな香りが心地よい。トゲが少なく、誘引もしやすい。株が落ち着いてくると、秋にも花が咲く。2014年ADR認証。

栽培のポイント ─────────

生育旺盛で太くて堅いベーサルシュートがたくさん生える。ポール仕立てのようにまっすぐ上に誘引しても、小枝が多いので、春は株元からしっかりとたくさんの花が咲く。曲げにくいため低いフェンスには向かないが、2mほどの高さのオベリスクやアーチ、壁面に誘引すると真価を発揮する。庭に植えて、木立仕立ても可能。香りのいい花が春にたくさん咲くが、その後はあまり返り咲かない。しかし、つるに光が当たれば、まわりを草花で包まれていても、来年の花がほぼ約束される

ローズ ポンパドール

Rose Pompadour

★ ★ ★

| 分類 | S | Type2 |

開花習性	四季咲き	花色	ピンク
花径	11〜15cm	伸長	1.5〜3m
作出	デルバール（フランス）2009年
芳香	強香	寒冷地	伸びにくい

華やかでとっても大きな花がたくさん咲く。
夏は多くのバラが観賞価値のない花になりやすいが、この品種は見ごたえがある。

栽培のポイント ─────

株はよく茂り、枝は太く堅くなるので、緩やかに誘引する仕立てに向いている。

庭 DE E

オドゥール ダ ムール ⓅⓋⓅ

Odeur d'Amour

★ ★ ★

| 分類 | S | Type2 |

開花習性	四季咲き	花色	紫
花径	8cm	伸長	1〜2.5m
作出	コルデス（ドイツ）2018年
芳香	強香	寒冷地	伸びにくい

ものすごく甘いいい香り。日に当たるとローズ色、陰では紫色に偏る。放任しても春だけはたくさんの花が楽しめる。樹形も直立なので、場所をとらない。2018年 ADR認証。

栽培のポイント ─────

まっすぐ誘引しても株元から咲きやすい、使いやすい品種。若い細い枝は誘引で曲げることができるが、次第に太く堅くなるので、高さ2mほどの壁面に緩やかに誘引するほうがいい。特に香りの強い花は雨に弱いので、ひさしの下の窓まわりなどで咲かせたほうがきれいに咲く上、香りも楽しめる。

鉢 B B B　　庭 CP D C DE E

ダフネ (PVP)

Daphne

★ ★ ★

|分類| S　Type2
|開花習性| 四季咲き　|花色| サーモンがかった渋いピンク〜クリーム、グリーンへ
|花径| 7〜9㎝　|伸長| 1.6 m
|作出| 木村卓功（日本）2014年
|芳香| 中香　　|寒冷地| 伸びにくい

木立仕立てもできるが、夏以降に長い花枝が増えてくるので、花壇後方に植えるかアーチやオベリスクに誘引して、つる仕立てにして楽しむ。栽培は容易。

栽培のポイント

木立仕立てもできるが、夏以降は長い花枝が増えてくる。花壇後方に植えるか、アーチやオベリスクに誘引して、つる仕立てにして楽しむとよい。栽培は容易。

鉢 B B B　　庭 DE DE D DE

シュリンクス (PVP)

Syrinx

★ ★ ★

|分類| S　Type2
|開花習性| 四季咲き　|花色| モーブ
|花径| 7〜9㎝　|伸長| 1.5 m
|作出| 木村卓功（日本）2020年
|芳香| 微香　　|寒冷地| 伸びにくい

四季咲きの中輪房咲きで、花もちがとてもいい。アンニュイな表情に心惹かれる。

栽培のポイント

樹形はしっかりとしつつ、収まりのいいシュラブ。木立仕立てならば、花壇後方へ配置。つる仕立てもできる。大きな木立性のバラを誘引する感じで、剪定した太めの枝がまんべんなく散らばるように誘引する。

鉢 B B B　　庭 DE DE D DE

つる アイスバーグ

Iceberg Climbing

★ ★

分類	CL　Type2		
開花習性	一回咲き	花色	白
花径	8〜9cm	伸長	2〜4m
作出	カント（イギリス）1968年		
芳香	微香	寒冷地	可能

四季咲き木立性のアイスバーグの枝変わり
で、一回咲きのつる性に。春の豪快な咲きっ
ぷりは親品種そのままに、さらに丈夫で大型
に。木が一坪以上に広がると、落ち着きはじ
めて返り咲くようになる。

栽培のポイント

古株になると株元から枝が出なくなるので、株元に
空間ができる。こういうところに、宿根草や小型の
クレマチスを植えておくとよい。細めの枝からはじ
まるが、年々枝が太るので曲がらなくなる。

庭 ⌒ 田

クラリス PVP

Clarice

★ ★

分類	S　　Type3		
開花習性	四季咲き		
花色	中心杏ピンク、外弁白〜緑		
花径	4〜5cm	伸長	1.6m
作出	タンタウ（ドイツ）2018年		
芳香	微香	寒冷地	伸びにくい

花もちがいい小花が、ものすごくたくさん春に
咲き、切り花やコサージュとしても楽しめる。

栽培のポイント

株に力がつくと、太くて堅いつる性のベーサルシュー
トが生える。枝が曲がりにくいので使い方が限定さ
れる。長いつるは台風で倒れやすいので、1mほど
の高さで支柱等で支えておくと、根元から大枝を失
うことを防げる。庭に植えて楽しむなら、木立仕立
てがおすすめ。秋までにたくさんのつるで養分を蓄え
てから、冬剪定で目線より下で咲くように短く切り
詰めるようにすると、どっさり咲く。

ローズ ドゥ グランビル

Rose de Granville

★ ★ ★

分類	S　Type2		
開花習性	四季咲き	花色	ソフトピンク
花径	9〜11㎝	伸長	1.6ｍ
作出	アンドレ エヴ（フランス）2010年		
芳香	中香	寒冷地	伸びにくい

巻き上がった蕾から、パッと丸弁の平咲きに。
どの段階の花姿も、愛くるしい表情。バラら
しいダマスク系の香りがする。

栽培のポイント

四季咲きの性質だが、秋になると花枝が長くなる。
木立仕立てにするなら、しっかり切り戻して花壇の
後方へ配置。つる仕立てにするなら、壁面などに緩
い誘引が安心。バラに慣れた方なら、スリムで背の
高いオベリスクや、人が並んで通れるほどのアーチ
にも。葉を美しく保つには、生育期間に月1回の薬
剤散布が効果的。

鉢 ∩ ⋏ ⊟
　 B B B
庭 ∩ ⋏ ⊟ 田
　 DE DE D DE

ブリーズ パルファン

Brise Parfum

★ ★ ★

分類	S　Type2		
開花習性	四季咲き	花色	淡いピンク
花径	4㎝	伸長	1.8ｍ
作出	バルニ（イタリア）2006年		
芳香	中香	寒冷地	不明

小花が群れ咲く姿は、満開の桜のような美し
さ。枝もたおやかで、健気に咲く印象。実つ
きがいいので、クリスマスの飾りなどにも使
える。

栽培のポイント

樹勢があってよく伸びる。実をならせたままにすれ
ば、伸びるのを抑えることができる。花がらを切れ
ば、返り咲きする花が増える。枝は多くしなやかで、
仕立てやすい。

鉢 ∩ ⋏ ⊟
　 B B B
庭 ∩ ⋏ ⊟ 田
　 D DE D DE

Rose
picture
book
1

Rose
picture
book
2

Rose
picture
book
3

How to
grow
4

Garden
style
5

リュート

Luth

★ ★ ★

分類	S　Type3		
開花習性	四季咲き	花色	ピンク
花径	11〜14cm	伸長	1.5ｍ
作出	アンドレ エヴ (フランス) 2019年		
芳香	中香		

長いつぼみがほどけて大輪の花が開くさま
は、とても美しい。ほどよい甘さの香りもあ
り、返り咲く。

栽培のポイント ―――――――

ローズ ドゥ グランビルの改良種。シュラブの雰囲気
を残しているものの、よく返り咲き、枝も伸び過ぎな
い。花壇の中ほどや、鉢植えに適している。細めの
枝にも咲く。

鉢 ⌒ ⋏ ⊍ 　　　庭 ⌒ ⋏ ⊍ ⊞
　 B　B　B 　　　　 DE DE D D

ジュール ヴェルヌ ^{PVP}

Jules Verne

★ ★ ★

分類	S　Type3
開花習性	四季咲き｜花色｜アプリコット
花径	5〜7㎝｜伸長｜1.5 m
作出	木村卓功（日本）2020 年
芳香	強香｜寒冷地｜―

小さめのコロンとした蕾からロゼット状に広がり、夏でも可愛い花が見られる。小さめの花としては、珍しく強くフルーティーな香り。切り花としても楽しみたい。四季咲き。

栽培のポイント

自立して広がり気味に自立するシュラブなので、木立仕立てにする場合は、花壇中央や後方で茂らせる。つる仕立てにするときは、緩やかに誘引できる背の高いトレリスや壁面に向く。

鉢 ∩ ⋔ ⊞
　　B　B　B

庭 ∩ ⋔ ⊞ ▦
　CD　C　C　D

シンデレラ ^{PVP}

Cinderella

★ ★

分類	S　Type3
開花習性	返り咲き｜花色｜ピンク
花径	7〜9㎝｜伸長｜1.5〜2.3 m
作出	コルデス（ドイツ）2003 年
芳香	微香｜寒冷地｜伸びにくい

その名に恥じない、美しさと打たれ強さ。樹勢はさほど強くないので、木立仕立てよりは、つる仕立てのほうが多くの花を楽しめる。ほどよく横向きに咲き、どの方向から見ても花がよく見える。

栽培のポイント

長いつるは伸びにくいが、自然と半つる樹形に育つ。高さ1.8mほどのオベリスクや幅1・8mほどのアーチ、高さ1.5mほどのフェンスなど、庭植えとしては一般家庭サイズ向き。

鉢 ⋔ ⊞
　B　B

庭 ∩ ⋔ ⊞
　C　D　C

オランジュリー ^{PVP}

Orangerie

★ ★ ★

分類	S　Type3	
開花習性	返り咲き	花色	オレンジ
花径	8〜10㎝	伸長	1.3〜2m
作出	コルデス（ドイツ）2015年	
芳香	微香	寒冷地	伸びにくい

鮮やかな色彩の花は、小ぶりながら存在感抜群。元気の出るような庭づくりに強力な助っ人となる。つる仕立てにすると花の密集感はないが、ひとつの花の寿命が素晴らしく長いので、寂しさを感じない。とても育てやすい。

栽培のポイント

自然と半つる樹形に育つ。枝は堅く曲げにくい。密集感のある咲かせ方にするなら、木立仕立てもおすすめ。

| 鉢 | 木 AB | 箒 B | | 庭 | C | 木 C | 箒 C | 田 D |

淡雪

Awayuki

★ ★

分類	S　Type3	
開花習性	返り咲き	花色	白
花径	4㎝	伸長	0.6〜2m
作出	京成バラ園芸（日本）1990年	
芳香	微香	寒冷地	伸びにくい

ぽってりした小さい花が、つるに沿って並び咲く姿は清らか。返り咲きの性質はあるが、ほぼ春1回に集中する。

栽培のポイント

つるを伸ばしても、2mほどの小型のつるバラになる。枝はしなやかで誘引しやすいので、小さめの仕立てには幅広く応用できる。誘引せず、直径1mほどのドーム状に茂らせても味わい深い。

| 鉢 | 木 A | 箒 A | | 庭 | C | 木 C | 箒 C | 田 F |

アミ ロマンティカ® ⓅⓋⓅ

Amie Romantica

★ ★

分類	S　Type3	
開花習性	四季咲き	花色｜ピンク
花径	7〜8cm	伸長｜1.5〜2.5m
作出	メイアン（フランス）2010年	
芳香	中香	寒冷地｜伸びにくい

上品な色彩と姿だけではなく、香りのいい小ぶりな花がたくさん咲く。春一番の花枝は短いので、切り花はちっちゃな小瓶にあしらうと可愛い。花枝が短いぶん、つる仕立ての仕上がりはとても美しい。

栽培のポイント

伸長2mちょっとに育てば、よく伸びたほうになる。長くつるが伸びないので、高いところへの誘引や広い面積を覆うことはできないが、そのぶんよく返り咲き、秋にもよい香りを楽しむことができる。細い枝にもよく咲き、たくさんの枝が出るので、2mほどの柱や細身のオベリスクに誘引してもいいし、幅1.5mほどのアーチにも向く（この場合、一方の脚には、もう少し伸びやすい品種をおすすめ）。枝も柔らかいほうなので、低めのフェンスにも対応できる。ただし、花つきがいいぶん、つるを出すためには、初年の花のほとんどは蕾が小さなうちに摘み取る。すべて咲かせると、大きく育たない。

鉢 ∩ ⋔ ⩍　　庭 ∩ ⋔ ⩍ ⊞
　 B B B　　　 CD CD C D

スーリール ドゥ モナ リザ ^{PVP}

Sourire de Mona Lisa

★ ★

分類	S　　Type3
開花習性	四季咲き　花色 赤
花径	8〜10cm　　伸長 1.5〜2.5m
作出	メイアン（フランス）2008年
芳香	微香　　　寒冷地 伸びにくい

花もちのよい中輪の花がたくさん咲く。花枝がとても短いので、切り花には向かないが、つる仕立てにしたときの仕上がりがとても美しい。実がよくつくので、返り咲きを増やすためには花がら切りが必須。2004年ADR認証。

栽培のポイント

花つきがよいので、体力がつきにくい。つる仕立てにするには、初年の蕾を見つけ次第摘んで、力を温存するとよい。枝は多めだが、細い枝には咲きにくく、なるべく太いつるを中心に枝を倒すように誘引したほうが、多くの花を楽しめる。つるは堅めで数年経つと曲がらなくなるので、高さ1.8mほどの壁面やアーチに向く。木立仕立てもできるが、弱りやすい。

庭 ∩ ⋏ ⊞ ⊞
D D C E

バニラ ボニカ® ⓅⓋⓅ

Vanilla Bonica

★ ★

分類	S　Type3		
開花習性	四季咲き	花色	白
花径	6〜7cm	伸長	1.3〜2m
作出	メイアン（フランス）2006年		
芳香	微香	寒冷地	伸びにくい

春は開くにつれてクリームから白に変化し、
花つきも多くて見事。晩秋もよく咲き、花色
は黄色が濃くなり美しい。一輪が長く咲き、
雨が降っても花にシミができないので、きれ
いな状態が長く続く。

栽培のポイント

自然とシュラブ樹形となるので、あまり手はかから
ない。手をかけられるなら、冬に30cmほどに短く
剪定し、小さな木立樹形にしてもよい。手をかけら
れないなら、元気になりやすいつる仕立てで楽しむ。

ハンス ゲーネバイン

Hans Gonewein

★ ★

分類	S　Type3	
開花習性	四季咲き	花色	ピンク
花径	6〜8cm	伸長	1.5〜2m
作出	タンタウ（ドイツ）2009年	
芳香	微香	寒冷地	伸びにくい

コロンとかわいい花は、どの方位から見ても美しい数少ない品種。群開したときの美しさに息をのむ。爽やかな若緑色の枝に花が咲くと、じつに清純な印象。完全な四季咲きなので、手入れするほど花つきがよくなる。

栽培のポイント

元気になると、半つるの枝が出てくる。木立仕立てでもつる仕立てでも、見栄えのする品種。ただし、放任栽培にするとつるは出てこないので、せめて長雨シーズン前と最中に、黒星病の予防散布と液肥で勢いをつけておくとよい。花枝は長めなので、つる仕立てにする場合は園路から1mほど離す。

鉢 AB　　庭 D C C D

マリア テレジア ^{PVP}

Mariatheresia

★　★　★

分類	S　Type3		
開花習性	四季咲き	花色	ピンク
花径	6〜8cm	伸長	1.5〜2.5m
作出	タンタウ（ドイツ）2003年		
芳香	微香	寒冷地	伸びにくい

美しくも芯の強い、マリアテレジアの名にふ
さわしい。風雨や霜にも耐える優雅な花は、
一輪の寿命が長いので、花がら切りは花の色
が悪くなってから行っても間に合う。近所に
花びらが飛び散る心配もない。

栽培のポイント

放任しても成長するたくましさと、四季咲きの性質
を併せもつ。手入れをするほど、長く伸びて咲かな
くなるので、手入れ好きの人には向かない。枝は堅
く曲げにくいため、高さ2mほどの壁面に緩やかに
誘引するのがやっとの状態。つるを長く伸ばして体
力をつけてから、冬に木立仕立てに剪定するとよい。

鉢 　　　庭

シャリマー ^{PVP}

Shalimar

★ ★ ★

分類	F　Type3
開花習性	四季咲き　花色｜ピンク
花径	7〜9cm　伸長｜1.3〜2m
作出	木村卓功（日本）2019年
芳香	中香　　　　寒冷地｜伸びにくい

中輪の花もちのいい花をたくさん咲かせる。香りもあり、花壇で使い勝手がいい。さまざまな宿根草と合わせて使いたい。

栽培のポイント

木立に近い直立のシュラブで、秋に長めの花枝が出る。ほぼ無肥料・無農薬で管理ができる。木立仕立てにして、花壇後方で茂らせたい。数年間、無剪定で伸ばし続ければ、緩やかな誘引のつる仕立ても可能。

マリー ヘンリエッテ ^{PVP}

Marie Henriette

★ ★ ★

分類	S　Type3
開花習性	返り咲き　花色｜ピンク
花径	9〜11cm　伸長｜2〜2.5m
作出	コルデス（ドイツ）2013年
芳香	強香　　　　寒冷地｜伸びにくい

フルーティーな香りの優雅な花を咲かせる。半つる性でまっすぐ縦に誘引しても、株元近くから花を咲かせてくれる。花が大きいので多くは咲かないが、香りのつるバラとして使える、大輪の美しい品種は少ないので貴重。2015年、ADR取得。

栽培のポイント

木立仕立てよりも、つる仕立てにしたほうがよく咲く。高さ2mの細身のオベリスクやポール、フェンス仕立てが合う。あまり返り咲かないが、咲かないぶん、元気に育ちやすい一面もある。病気にはとても強く、どんどん伸びて暴れることもないので扱いやすい。

Rose
picture
book
1

Rose
picture
book
2

Rose
picture
book
3

How to
grow
4

Garden
style
5

47

レッド レオナルド ダ ビンチ

Red Leonardo da Vinci

★ ★ ★

分類	S　Type3
開花習性｜四季咲き	花色｜赤
花径｜8〜9cm	伸長｜1.5〜2m
作出｜メイアン（フランス）2003年	
芳香｜微香	寒冷地｜伸びにくい

バラらしい赤い目立つ花を、たくさん咲か
せる。とても丈夫で、初心者向き。2005年
ADR認証。一番花の花枝が短いので、密集
して花が咲く。秋の花つきもよい。香りはな
いが、花もちがとてもいい品種。花色がくす
んできてから花がらを切れば、花弁が散らか
ることもない。

栽培のポイント

株が若いうちは剛直で、直立する太く長い枝が出る。
つる仕立てにするには、枝が堅過ぎて使い道が限定
される。冬に木立仕立てとして切り詰めることを繰
り返すと、こんもりした樹形になり、剛直な枝も出
にくくなってくる。

ロートケプヘン ⓅⓋⓅ

Rotkäppchen

別　名【Red Riding Hood - Fairy Tale、Chaperon Rouge、Maranello Rose】

★ ★

分類	S　Type3		
開花習性	四季咲き	花色	赤
花径	6〜8cm	伸長	1.2〜2.5m
作出	コルデス（ドイツ）2007年		
芳香	微香	寒冷地	伸びにくい

惚れ惚れする深く鮮やかな赤は、退色も少なくしっかりした花弁質なので、花もちもいい。春の花枝が短くて花ぞろいがよく、木立仕立てにしたときの群開美が素晴らしい。葉を落とさずに育てると、秋に柔らかく長いつる性の花枝が出るため、これを誘引してつるバラにできる。つるバラにしたときの花つきも見事。つる仕立てにすると、同じ品種とは思えないほど大きく育つ。

栽培のポイント ─────────

誘引は枝が堅くなる前の12月にし、倒すように誘引すると花つきがいい。最初は低くも誘引できるが、数年経った枝は堅くて曲がらなくなる。高さ2mほどの平面仕立てが、もっとも仕立てやすい。

庭 ⌒ ⋀ ⊞
　 D 　D 　E

ローゼンドルフ シュパリースホップ

Rosendorf Sparrieshoop

★

分類	S　Type3		
開花習性	四季咲き	花色	ピンク
花径	10cm	伸長	1〜3m
作出	コルデス（ドイツ）1989年		
芳香	微香	寒冷地	伸びにくい

ヨーロッパでは、四季咲きの花壇バラとして
扱われ、次々と咲く。秋でもびっしりとたく
さんの花が咲くつるバラ仕立ては貴重。花弁
数は少ないが花は大きく、花の寿命も長いの
で満足感は高い。木立仕立てよりはつる仕立
てにしたほうが、真価を発揮する。名は作出
社のある「バラの村シュパリースフープ」から。

栽培のポイント

長いつるは出にくいが、枝の寿命が長いので、どん
どん上に枝が積み上がっていく。年々成長して太く
て堅い枝になる。実つきが非常によいため、花がら
切りをして木を弱らせないようにする。黒星病で葉
を失いやすいので、せめて月1回の殺菌剤散布を心
がけたい。

庭 D DE D E

つる ローズ うらら® PVP

Rose Urara, Cl.

★ ★

分類	S　Type3	
開花習性	四季咲き	花色　ピンク
花径	7〜10cm	伸長　2〜3m
作出	京成バラ園芸（日本）2013年	
芳香	弱香	寒冷地　伸びにくい

インパクトのある強い色は、元気いっぱいな植栽デザインによく合う。花枝は短く、たくさん密集して咲く。ローズうららの枝変わり。枝変わりは1回咲きになりやすいが、よく返り咲き、狭い庭で価値ある一品に。香りは弱いが、たくさん咲くとよく香る。

栽培のポイント

よく咲き戻るので、長く伸びにくい。枝がたくさん出るため、多くの仕立てに対応できる。古い枝は曲げにくく、強く曲げる仕立てには向かない。

鉢　B　B　　　庭　CD　CD　C　D

オリビア ローズ オースチン

Olivia Rose Austin

★ ★

分類	S　Type3		
開花習性	返り咲き	花色	ピンク
花径	8〜10cm	伸長	1.5〜2.5m
作出	デビッド オースチン（イギリス）2014年		
芳香	中香	寒冷地	伸びにくい

透明感のある色彩と上品な花型に、うっとり
する。香りは強くはないものの、フルーティー
で爽やか。こんな花が、春には次々とたくさ
ん咲いてくる。一つの花の寿命は短く、すぐ
に散ってしまう。住宅密集地であれば、庭の
中で散るような場所を選ぶとよい。どんどん
切って飾るという方法もおすすめ。魅力あふ
れる品種で、作出者の娘の名がつけられてい
ることに納得。

栽培のポイント ───────

手入れがいいほど、つるになって咲かなくなるタイ
プ。丈夫なので、一般のバラの本にあるように何度
もたくさんの肥料を与えると伸びてしまう。木立仕
立てにして勢いを抑えると、返り咲きしやすくなる。

コスモス

Kosmos

★ ★

分類	S　Type3
開花習性	返り咲き
花色	白
花径	8cm
伸長	0.7〜2m
作出	コルデス（ドイツ）2006年
芳香	中香
寒冷地	伸びにくい

ひらひらと幾重にも重なる花は、とても美しく爽やかに香る。しかも丈夫で扱いやすい上、縦伸び樹形でスリムなので、狭い場所でも楽しめる。2007年ADR認証。

栽培のポイント

この品種を活かすのは、何といってもオベリスク。恥じらうようにうつむき咲くので、なるべく目線に近く仕立てることがポイント。つるにするには時間がかかる品種だが、太く直立するつるは、まっすぐ立てて誘引してもよく咲く。早く伸ばすには、摘蕾と液肥（庭植なら有機系）を併用。

ローズ ブラッシュ

Rose blush

★ ★ ★

分類	S　Type4
開花習性	繰り返し咲き
花色	淡いピンク
花径	11〜14cm
伸長	1.6m
作出	アンドレ エヴ（フランス）2018年
芳香	強香
寒冷地	伸びにくい

香り高く愛らしいロゼット状の大きな花が、春にたくさん咲く。数年経って株が育ってくると、秋も咲くようになる。

栽培のポイント

樹勢が強く病気にも強いので、オーガニック栽培もできる。木立仕立ても可能だが、花壇後方へ。つる仕立てにするなら、壁面などに緩やかな誘引がおすすめ。

ロザリー ラ モリエール® ⓅⓋⓅ

Rosalie Lamorlière

★　★

分類	S　Type4	
開花習性	四季咲き	花色	桜ピンク
花径	6cm	伸長	1.0m
作出	メイアン（フランス）2014年
芳香	微香

ベルサイユのばらシリーズ。花は可愛いピンクで、よく見ると細かな模様が入っている。一枝に多くの蕾がつくので、長く咲き続く。葉もノイバラのようで柔らかく、ふんわり茂るので、自然でやさしい雰囲気。

栽培のポイント ――――――――

こんもりと多くの枝が生えて茂る。つるは出ないので暴れない。手入れが少なくて済む品種。

Rose
picture
book
1

Rose
picture
book
2

Rose
picture
book
3

How to
grow
4

Garden
style
5

ラブリー メイアン ㉅

Lovely Meilland

★ ★

|分類| S　Type4
|開花習性| 四季咲き |花色| ピンク
|花径| 6〜8cm |伸長| 0.8〜1.2m
|作出| メイアン（フランス）2000年
|芳香| 微香 |寒冷地| 伸びにくい

可愛らしい花が、たくさん枝先に咲く。きゃしゃな枝はコシがあり、ふんわりと茂る。四季咲き性が強く、長い枝が生えるわけではないので、大きく育ち過ぎることはない。

栽培のポイント ───

枝は堅いが、ふんわりと茂っているように見える半横張樹形の半つる性。株が元気になると、少し長めの枝が生える。手入れがよければ、直径1mほどになる。

庭 ⌒ ⍭

キャンディア メイディランド ^{PVP}

Candia Meidiland

★ ★ ★

分類	SF　Type4
開花習性	四季咲き　花色 赤
花径	7〜8cm　伸長 0.6〜1m
作出	メイアン（フランス）2006年
芳香	微香

シンプルな花はあっけらかんとした明るさ。
元気あふれる愛らしさです。とても丈夫なの
に、花つきも多いためか大きくなり過ぎず、
日本の家庭サイズ。宿根草のような感覚で使
えるバラ。赤く丸い実がたくさんつき、紅葉
もするので、季節感を感じるバラ。

栽培のポイント

ベーサルシュートがつるにならず、花がたくさん咲
くが、葉もたくさんついて弱りにくい。横張り樹形
なので70cm四方のスペースは確保したい。実つきが
よく、実がついても花を咲かせるたくましさがある。
元気に育てる場合は花がら切りをし、負担を減らす。

ソレロ ^{PVP}

Solero

★ ★

分類	SF　Type4
開花習性	四季咲き　花色 黄
花径	7〜8cm　伸長 1〜2m
作出	コルデス（ドイツ）2008年
芳香	中香　寒冷地 伸びにくい

淡い色の葉にレモン色の花が咲き、株全体が
明るい印象。長い枝は出ずにコンパクト。自
然樹形は枝が細くふんわりと茂り、初冬まで
よく咲く。2009年、ADR認証。

栽培のポイント

柔らかな枝は長生きするので、低いフェンスに誘引
すると、枝が積み上がり、四季咲きのバラのフェン
スになる。徐々に枝が太く成長するため、フェンス
に編み込まないように注意。フェンスがアルミ製の
場合、編み込んだ枝がふくれて壊れることがある。

鉢　AB　A　　庭　C　C　C　F

ピンク ドリフト * ^(PVP)

Pink Drift

★ ★ ★

分類	SM　Type4		
開花習性	四季咲き	花色	ピンク
花径	4㎝	伸長	0.7ｍ
作出	メイアン（フランス）2006年		
芳香	微香	寒冷地	伸びにくい

桜の花のような形をした小花が、ものすごい
数咲きます。放任栽培に耐えるたくましさ。
四季咲き性で手入れするほどたくさん咲く。

栽培のポイント

しなやかな枝が這い広がるように伸びる。地面に植
えると草取りがしにくい。大きめの鉢植えやプラン
ターから、こぼれるように咲かせるほうが管理しや
すい。

鉢 ♔
Ａ

Rose
picture
book
1

Rose
picture
book
2

Rose
picture
book
3

How to
grow
4

Garden
style
5

トリニティ ^(PVP)

Trinity

★ ★ ★

分類	S　Type4		
開花習性	四季咲き	花色	アイボリー
花径	5〜7㎝	伸長	1.5ｍ
作出	木村卓功（日本）2021年		
芳香	強香	寒冷地	伸びにくい

白からアイボリー、ボタンアイになることも
あるロゼット咲き、小中輪・房咲き。ダマス
クにフルーツの強香。質のよい透明感を感じ
る香り。香りが強い割には、花もちもよい。

栽培のポイント

四季咲き性。樹勢が強く、耐病性がとても高いシュ
ラブ樹形のバラ。初心者向き。環境の悪い場所でも、
めったに病気になることはない。樹高はやや高なの
で、お庭で植えるなら半ばから後方へ配置。夏まで
は、中輪房咲き・木立のフロリバンダのように育つが、
秋から花枝が長く伸びやすい。

鉢 ⌒ ⋔ ♔ 　庭 ⌒ ⋔ ♔ ▦
　　B　B　B　　　　C　C　C　D

Maerchenzauber

Small shrub & bush roses for flower bed

花壇の木立仕立てに向く
「小型の半つる性のバラと
木立性のバラ」

Type 1 直立大型シュラブ
　　　〜大型木立1.8〜2ｍ前後まで伸びる

Type 2 中型のシュラブ
　　　〜木立1.2〜1.5ｍ前後

Type 3 小型シュラブ〜木立0.7
　　　〜1ｍ程度

イザヨイバラ

R.roxburghii

★ ★ ★

別 名【 Burr Rose、Chestnut Rose、Chinquapi、Kastanienfrucht-Rose、R. microphylla、Rosa microphylla Roxb. ex Lindl. Synonym、Rosa roxburghii f. plena Rehder synonym、Rosa roxburghii f.roxburghii、Rosa roxburghii 'fiore pieno'、Rosa roxburghii 'fiore pieno'、 R. roxburghii plena、R. roxburghii roxburghii、Rosa roxburghii Tratt】

┊分類┊ Sp　Type1
┊開花習性┊ 繰り返し咲き
┊花色┊ 藤色がかったピンク
┊花径┊ 8〜10cm　┊伸長┊ 1m
┊作出┊ 中国南西部から東南アジア、1814年記録
┊芳香┊ 微香

花びらが多過ぎて花が必ず欠けて咲くので、
満月を過ぎた一六夜（いざよい）に見立てたネーミングセ
ンスは秀逸。若干返り咲く。横張りで木が堅い。

栽培のポイント

横張り樹形なので、最終的には1m四方に育つ。し
かし、成長がとても遅いので、慌てることはない。
広い面積があれば、剪定も何もせずに済むという目
安。冬に多くの花芽があるので、冬の剪定はしない
ほうがよい。

Rose
picture
book
1

Rose
picture
book
2

Rose
picture
book
3

How to
grow
4

Garden
style
5

サンショウバラ

Sanshou-bara

★ ★ ★

分類	Sp　Type1		
開花習性	一回咲き	花色	淡いピンク
花径	7〜8㎝	伸長	2〜5ｍ
作出	箱根に自生		
芳香	微香	寒冷地	耐える

箱根近辺に生えるバラで、葉がサンショウに
似ている。比較的大きな花を春にたくさん咲
かせる。庭木として使える。日本のバラなの
で手間なく育つ。

栽培のポイント ———————

箱根の山中に生えるので、ある程度の日陰と寒さに
強い。北海道でも大丈夫。自生地ではまわりの木に
寄り添うように高く成長し、高木の仲間のように見
えるが、温暖地では2ｍほどにしかならない。成長
が遅く、木の材は堅い。放任栽培が一番。カミキリ
ムシに注意。

アライブ (PVP)

Alive

★ ★ ★

分類	HT　Type1
開花習性	四季咲き　花色　ピンク
花径	11〜13 ㎝　伸長　1.2 m
作出	メイアン（フランス）2007 年
芳香	強香

とても丈夫なので、濃厚な香りの大輪の花が
手軽に楽しめる。株は直立するように伸び
るため、株の大きさの割には場所をとらな
い。花色も葉色も濃くて、存在感たっぷり。
2006 年 ADR 認証。

栽培のポイント

手入れがいいほど、つるになって咲かなくなるタイ
プ。丈夫なので、一般のバラの本にあるように何度
もたくさんの肥料を与えると伸びてしまう。木立仕
立てにして勢いを抑えると、返り咲きしやすくなる。
薬をなるべく撒かないなら、いくら長い枝が出たと
しても、深切りは冬に限定する。

Rose
picture
book
1

Rose
picture
book
2

Rose
picture
book
3

How to
grow
4

Garden
style
5

アイスバーグ

Iceberg

★ ★ ★

┊分類┊ F　Type1
┊開花習性┊ 四季咲き ┊花色┊ 白
┊花径┊ 8〜9 ㎝ ┊伸長┊ 1.4 m
┊作出┊ コルデス（ドイツ）1958 年
┊芳香┊ 微香

長い蕾からぽっとほつれて開く。あっさりし
た花だが、群開するので見事な景色ができる。
葉も小枝も細く、風が抜けるような爽やかさ
が株全体にある。トゲは少なめ。

栽培のポイント

きゃしゃな木姿だが、最終的には1.6 mほどの高さ
になる。枝が長生きして、枝が年々積み上がる。ベー
サルシュートは滅多に生えなくなるので、小さくし
にくい性質。花壇の奥に植えたい。手入れがよければ、
大きく育った株をアーチや壁面に誘引し、四季咲き
のつる仕立てができる。

ウェディング ベルズ ㉟

Wedding Bells

★ ★ ★

分類	HT　Type1
開花習性	四季咲き　花色　ピンク
花径	12～14 cm　伸長　1.5 m
作出	コルデス（ドイツ）2010 年
芳香	微香

この花形のバラの中では、最強の育てやすさ。
花も大きくてよく目立つ。

栽培のポイント

株が若くて枝数が少ないときは、手入れがいいと長
い半つるの枝が出やすい。つるは堅く、誘引には向
かない。冬に短く切り詰めて分枝を促してゆくと、
年々枝数が増えて落ち着いてくる。

クイーン エリザベス

Queen Elizabeth

★ ★

分類	HT　Type1
開花習性	四季咲き　花色　明るいピンク
花径	10～11 cm　伸長　1.6 m
作出	ワーナー（アメリカ）1954 年
芳香	微香

古いバラで、花に目立った特徴もないが、ほ
ぼ草取りだけしていれば、滅多に枯れないバ
ラとして世界中で生き残っている。

栽培のポイント

直立樹形なので背は高くなるが、場所いらず。手を
入れただけ花数が増え、何回も咲く。病気も虫もた
くさんつくのに、なぜか毎春何もなかったかのよう
に咲く。

トロイメライ ^{PVP}

Träumerei

★ ★ ★

分類	S　Type1
開花習性	四季咲き	花色	ピンク
花径	7〜9㎝	伸長	1.5m
作出	木村卓功（日本）2020年
芳香	強香

繊細な色と花の造形美に思わず微笑んでしまう。香りも強くフルーティー。四季咲き。

栽培のポイント

木立仕立てにするならば花壇後方へ配置。背が高めの中輪種として使える。きわめて旺盛で病気にも強い。月に1度の薬剤散布で葉を保つ。

鉢 B B　　庭 C C C D

ティップン トップ ^{PVP}

Tip'n Top

★ ★ ★

分類	HT　Type1
開花習性	四季咲き　花色｜黄
花径	8〜10㎝　伸長｜0.8〜1.2ｍ
作出	コルデス（ドイツ）2015年
芳香	中香

花壇を明るく照らす、大きなバラらしい花を
咲かせる。半つる性だが意外にも四季咲きで、
庭に植えるには秀逸。香りもあって幅も取ら
ないので、園路から手を伸ばして手が届く位
置に植える。花名はオレンジ果汁を使った、
爽やかなカクテルから。

栽培のポイント

自然とまっすぐに伸びる、秋口から直立するつる性
の枝が出て咲く。まだ新しい品種なので、つる仕立
てにできるかは未知数だが、倒すように誘引すれば
よく咲きそうな雰囲気。とても育てやすい。木立仕
立てにするときは、ものすごく伸びるぶん40㎝くら
いの高さまで切り戻す。残す枝が長いほど、翌年大
きく育つ。

Rose
picture
book
1

Rose
picture
book
2

Rose
picture
book
3

How to
grow
4

Garden
style
5

ノヴァーリス ㉟

Novalis

★ ★ ★

分類	S　Type1
開花習性	四季咲き　花色 ラベンダー
花径	9〜11cm　　伸長 1.4m
作出	コルデス（ドイツ）2010年
芳香	微香

とにかくしっかりと育ち、多くの花が咲く。
園芸初心者でも曲りなりに年々大きく育ち、
花数が増える。花は先がツンととがる、独特
な美しさ。2013年ADR認証。

栽培のポイント ───────

すくすくと背が伸びるが、つるは出ない。枝は堅く
まっすぐ上に伸びるので、木立仕立てに向いている。
背が伸びるぶん、しっかり冬に切り戻しが必要。

ノック アウト Ⓟ

Knock Out®

★ ★ ★

分類	F　Type1
開花習性	四季咲き　花色　赤
花径	7〜9cm　　伸長　0.9〜2.5m
作出	William J. Radler（アメリカ）2000年
芳香	微香　　　寒冷地　伸びにくい

鮮やかな色彩で、そこそこの大きい花が次々と咲く。バラらしさはないが、初夏から初冬まで花が咲く、優秀な四季咲きの花木。アメリカ合衆国で流通するバラの多くが、ノックアウトシリーズで、公園やロードサイドに植栽されている。日本のツツジとかサツキに相当する使われ方。広い場所でこそ、真価を発揮する。

栽培のポイント

若い枝は細くて堅くしなやかだが、だんだん太く堅くなっていく。枝が長生きするので、年々枝が積み上がるように成長する。冬に木立仕立てにして、切り詰めて株の大きさをリセットすると、大きくなり過ぎない。逆に、数年剪定もせずに管理すると、樹高は2mほどに成長する。そのまま2mほどのオベリスクや壁面に誘引すれば、即手間なしの四季咲きオベリスクができる。

ブラッシングノックアウト ^{PVP}

Blushing Knock Out®

★ ★

分類	F　Type1
開花習性	四季咲き	花色	ピンク
花径	7〜8cm	伸長	0.9〜2.5m
作出	John M. Bell（アメリカ）2004年
芳香	微香

この品種はノックアウトの枝変わり品種。花がチューリップのように閉じ気味に咲くので、横から見ても楽しめる。

栽培のポイント ────────

（ノックアウトと同じ）

マイ ガーデン ^{PVP}

My Garden

★ ★ ★

分類	HT　Type1
開花習性	四季咲き
花色	パールがかったクリーミーピンク
花径	13〜15cm	伸長	1.8m
作出	メイアン（フランス）2008年
芳香	強香

気品あふれる大きな、そして豊かに香る花が咲く。香りはバラの香りの中にシトラスを含み、甘く爽やか。枝も長いので、切り花としても使い勝手がよい。2008年ADR認証。

栽培のポイント ────────

手入れがいいほど、長い枝が出て咲きにくくなるタイプ。しかし、手入れが悪くてもよく咲くが、背が高くなりやすい高性種。長い枝は倒すように誘引しても花は多く咲かないので、木立仕立てが向く。

ビバリー ^(PVP)

Beverly

★ ★ ★

分類	HT　　Type1		
開花習性	四季咲き	花色	ピンク
花径	11〜13cm	伸長	1.2〜2.5m
作出	コルデス（ドイツ）2007年		
芳香	強香	寒冷地	伸びにくい

豊かに香る大きな花がたくさん咲く。これほどの香りがあってもすぐ散らないので、香りのいい切り花として飾って楽しめる。温暖地では、放任でもわずかだが秋に咲くほどのたくましさ。手入れするほど、四季咲きの恩恵を感じる品種。

栽培のポイント

元気であれば、長いベーサルシュートが生える。枝はトゲも少なくて柔らかいので、若い枝は無理なく緩やかに誘引することもできる。一番花の花枝は長めなため、園路からは1mほど離しておくと、使い勝手がいい。つる仕立てにするなら冬剪定を数年やらずに、長いベーサルシュートの発生を促す。

ダブル ノック アウト (PVP)

Double Knock Out

★ ★

分類	F　Type2
開花習性	四季咲き
花色	明るい赤
花径	7〜8cm
伸長	0.9 m
作出	William J. Radler（アメリカ）2004年
芳香	微香

ノック アウトシリーズだが、こちらのほうがバラらしい花。木も大きくなり過ぎないので、狭い庭に植えるには優秀な品種。

栽培のポイント

若い枝は細くて堅くしなやかだが、だんだん太く堅くなっていく。枝が長生きするので、年々枝が積み上がるように成長する。冬に木立仕立てにして、切り詰めて株の大きさをリセットすると、大きくなり過ぎない。数年剪定もせずに管理すると、樹はこんもりとよく茂る株となる。

アプリコット キャンディ (PVP)

Apricot Candy

★ ★ ★

分類	HT　Type2
開花習性	四季咲き
花色	アプリコット
花径	8〜10cm
伸長	1.5 m
作出	メイアン（フランス）2007年
芳香	中香

いかにもバラらしい形の花が、たくさん咲く。ティー系の軽く甘い香りで、もっとも香りのたつタイミングでは、白桃のような香りも含まれる。初心者でも春はたくさんの花を楽しむことができる。手入れするほどに、何度もたくさんの花が咲くので、中級者でも育てがいを感じてもらえる。

栽培のポイント

花つきがよいので、木が疲れやすい。冬剪定のときに太くていい枝があっても、多くの芽が中途半端に動いていい芽が少ないことが多い。そのときは枯枝を除くだけにして、すべての枝を残しておく。つる性の枝が出ない上、大きくもなりにくい扱いやすい大きさ。

シシリエンヌ (PVP)

Sicilienne

★ ★ ★

分類	F　Type2
開花習性	四季咲き　花色　淡い黄色
花径	9〜11cm　　伸長　1.5m
作出	木村卓功（日本）2021年
芳香	強香

淡い黄色、魅力的なロゼット咲き、中大輪房咲きの花。秋は充実した枝以外は単花咲きになりやすい。フルーツにティーの清々しく豊かな強香。花もちもよく、切り花にも向く。

栽培のポイント

四季咲き性。樹勢が強く、耐病性が高い木立樹形のバラ。初心者向き。薬剤散布を一切行わなくても、環境のよい場所では、ほとんど病気にならずに生育する。庭植えや鉢植え、どちらにも向く。樹高はやや高めなので、花壇の後方へ配置する。

メアリー レノックス (PVP)

Mary Lennox

★ ★ ★

分類	F　Type2
開花習性	四季咲き　花色　ピンク
花径	9〜11cm　　伸長　1.2m
作出	木村卓功（日本）2021年
芳香	強香

ミルキーなピンク、丸弁高芯咲きからロゼット咲きへ。中大輪房咲きの花。ダマスクにミルラの強香。一年間の花色や花形の変化が少なく、毎回安定した花を咲かせる。水上げ・花もちがよく、切り花にも向く。

栽培のポイント

四季咲き性。樹勢が強く、耐病性が高い木立樹形のバラ。初心者向き。薬剤散布を一切行わなくても、環境のよい場所では、ほとんど病気にならない。

コリン クレーヴン ^{PVP}

Colin Craven

★ ★ ★

分類	F　Type2
開花習性	四季咲き	花色	ピンク
花径	7〜9cm	伸長	1.3 m
作出	木村卓功（日本）2021年
芳香	中香

落ち着いた藤色、弁先がつんととがる宝珠
弁咲きからロゼット咲き、中輪房咲きの花。
ティーにハーブを感じる中香。深みのある葉
色との色彩も対比も美しい。花もちもよく、
切り花にも向く。

栽培のポイント

四季咲き性。樹勢が強く、耐病性も高い木立樹形の
バラ。初心者向き。年5回の剪定後ごとの薬剤散布（殺
菌剤）を行えば、一年間美しい葉を維持できる。タ
イミングは冬剪定後、芽が膨らみはじめたとき、一
番花開花後、二番花開花後、夏剪定後、秋花が咲い
た花後剪定後の5回。剪定後は株が小さくなるので、
散布の仕事量の低減やコスト削減になる。また、薬
剤散布を一切行わなくても、環境のよい場所では、
ほとんど病気にならずに生育する。もしくは、多少
葉を落としてもすぐに新芽を伸ばし、枝葉を吹きな
おす。地植えや鉢植え、どちらにも向く。樹高は平
均的なので、お庭で植えるなら半ばあたりに。剪定
や肥料などは、普通の木立のバラとして育てるとよ
い。

セフィーロ (PVP)

Céfiro

★ ★ ★

分類	S Type2
開花習性	四季咲き　花色　アイボリー
花径	5〜7cm　伸長　1.4m
作出	木村卓功（日本）2021年
芳香	中香

おおらかで飾らない優しい花。しなやかな枝先に小ぶりな花をふわっと咲かせる。小さめな葉と赤い枝とのバランスがあいまって、花の魅力を引き立てる。ナチュラル感を感じられるバラ。四季咲き性。一年間の花色や花形の変化が少なく、毎回安定した花を咲かせる。

栽培のポイント

樹勢が強く、耐病性が高いシュラブ樹形のバラ。初心者向き。うどんこ病には普通だが、黒星病に強い。年5回の剪定後ごとの薬剤散布（殺菌剤）を行えば一年間美しい葉を維持できる。薬剤散布を一切行わなくても、環境のよい場所では、ほとんど病気にならずに生育する。もしくは、多少葉を落としてもすぐに新芽を伸ばし、枝葉を吹きなおす。地植えや鉢植え、どちらにも向く。樹高はやや高めなので、お庭で植えるなら半ばから後方に配置。剪定は普通の木立のバラとして育てるとよい。肥料は鉢植えの場合普通だが、地植えの場合はやや少なめにする。

鉢 B A A　　庭 C C C

ファイア オブ プロメテウス Ⓟⱽᴾ

Fire of Prometheus

★ ★ ★

分類	F　Type2
開花習性	四季咲き
花色	赤
花径	5〜7cm
伸長	1.3m
作出	木村卓功（日本）2021年
芳香	微香

赤い色のロゼット咲きから丸弁八重咲き、小中輪房咲きの花。ティーの微香。一年間の花色や花形の変化が少なく、毎回安定した花を咲かせる。

栽培のポイント

樹勢が強くて耐病性が高い、木立樹形のバラ。初心者向き。年5回の剪定後ごとの薬剤散布（殺菌剤）を行えば、一年間美しい葉を維持できる。薬剤散布を一切行わなくても、環境のよい場所では、ほとんど病気にならずに生育する。もしくは、多少葉を落としてもすぐに新芽を伸ばし、枝葉を吹きなおす。地植えや鉢植え、どちらにも向く。樹高は平均的なので、お庭で植えるなら半ばあたりに配置。剪定や肥料などは、普通の木立のバラとして育てる。

クードゥクール™

Coup de Coeur

★ ★ ★

分類	F　　Type2
開花習性	四季咲き	花色	青みがかったグレー
花径	7〜8cm	伸長	1.2 m
作出	京成バラ園芸（日本）2020年
芳香	微香

クレマチスを彷彿とさせる細身の花びら、ツンととがる弁先、花芯に広がる赤い放射状のアイライン模様が斬新。枝ぶりも細くて軽やか。四季咲き性が強く、たくさん咲く。無農薬栽培可能。花名の意味はひと目惚れ。季節によって花色が変わる。

栽培のポイント

次々と枝を出して咲かせる。つる性の枝は出ない。細い枝が細かく茂って、こんもりとした樹形になる。木立仕立てにして、樹高を抑えるようにするのがポイント。

春の花

秋の花

グレーテル ^{PVP}

Gretel

★ ★ ★

分類	F　　Type2
開花習性	四季咲き
花色	クリーム白地にサーモンピンクの色のり
花径	8cm　　伸長　0.7m
作出	コルデス（ドイツ）2014年
芳香	微香

おおらかな半八重の花は、日光を浴びると次第に赤みを増す。花つきが非常によく、何度も咲く。厚く光沢のある葉は半日陰の場所でも、しっかりと養分を稼いでよく育つ。

栽培のポイント ────────

木も大きくならず、つるも出ず、コンパクトに育つのに花が多く咲き、四季咲き。この丈夫さは、今までにないレベル。

G.D. ルイーズ ^{PVP}

Grand Duchess Luise

★ ★

分類	HT　　Type2
開花習性	四季咲き
花色	アプリコットピンク
花径	9〜10cm　　伸長　1.2m
作出	コルデス（ドイツ）2017年
芳香	強香

たっぷりとした印象の大きい花が、コンパクトな木に咲く姿は、実に見ごたえがある。しかも、花の香りは強くてフルーティな感じ。四季咲き性でよく咲く。2020年、秋の新作。

栽培のポイント ────────

この花のボリュームで、丈夫なコンパクトな体という組み合わせは、まさに世界最先端。伸びないので、無理なく木立仕立てができる。これだけ伸びないと、数年剪定しなくてもいいのではないかと思えてしまう。

リュシオール (PVP)

Luciole

★ ★ ★

分類	F　Type2
開花習性	四季咲き	花色	黄
花径	5〜7cm	伸長	0.9m
作出	木村卓功（日本）2020年
芳香	中香

小ぶりのカップ咲きの花は、明るい黄色から
クリームイエローに変わるが、小さな花がた
くさん入り乱れて咲くと、この色の差がきれ
い。

栽培のポイント

たくさんの花がどんどん咲くので、初年は蕾を摘ん
で、まず木を育てるようにする。木はとてもコンパ
クトで、花壇前面や鉢植えに適している。とても育
てやすく、月1度の薬剤散布で葉を保つとよい。

| 鉢 | A | A | 庭 | C | C |

アンドレ グランディエ® (PVP)

André Grandier

★ ★ ★

分類	HT　Type2
開花習性	四季咲き	花色	ライトイエロー
花径	10〜12cm	伸長	1.5m
作出	メイアン（フランス）2011年
芳香	微香

ベルサイユのばらシリーズ。大き過ぎないサ
イズ感、明るい色彩、バラらしい花形。初心
者でも、春に多くの花が楽しめる、育てやす
い品種。

栽培のポイント

つるにもならず、木も大きくなり過ぎず、使い勝手
のよいバラである。黒星病にかかりにくく、花後に
枝を伸ばすだけの余力がある。長雨前に黒星病予防
の薬撒きをしておくと、より多くの花が楽しめる。

ベン ウェザースタッフ ^{PVP}

Ben Weatherstaff

★ ★ ★

分類	F　Type2
開花習性	四季咲き	花色	アプリコット
花径	9〜11cm	伸長	1.2m
作出	木村卓功（日本）2020年
芳香	中香

四季咲きの中大輪。切れ込み弁が個性的な美
しさ。香りはティー系にアニスを感じる、やさ
しい香り。夏の花も美しい。

栽培のポイント

無農薬でも育てられる丈夫さなのに、木は大きく伸
びず扱いやすい。花壇の前面や、大きめの鉢植えで
楽しめる。長雨前に殺菌剤を散布すればなおよい。

ニューサ ^{PVP}

Neusa

★ ★ ★

分類	S　Type2
開花習性	四季咲き	花色	淡いピンク〜白
花径	3〜5cm	伸長	0.8m
作出	木村卓功（日本）2014年
芳香	微香

野に咲く小花のような、素朴で元気な花をふ
んわりとたくさん咲かせる。満開の後もぽつ
りぽつりと咲き続ける。花はときに淡いピン
ク色で咲く。秋に小さな実を楽しむこともで
きる。香りは弱いが、風にのってふわっと香る。

栽培のポイント

ふんわりと丸くまとまる木立樹形で、花壇前面に適
しているように見える。しかし、場所と管理がマッ
チすると直径1mほどに成長するので、花壇中央付
近に植えておくと安心。無肥料・無農薬で栽培も可能。

鉢 🌳 ⚚ A A　　庭 🌳 ⚚ C C

デズデモーナ

Desdemona

★ ★

分類	S　Type2
開花習性	四季咲き
花色	淡いピンク～クリームホワイト
花径	7cm　　伸長　1.3m
作出	デビッドオースチン（イギリス） 2015年
芳香	中香

コロンとした花が、たくさん何度も咲く。何度も咲くので、木は大きくなりにくい。鉢植えで管理すると手間がない。

栽培のポイント

庭植えよりは鉢植えで、日当たり・風通しよく育てたほうが、減農薬栽培であればよく咲く。庭植えにするなら、せめて月1回の黒星病予防の殺菌剤散布をしたい。数年無剪定で勢いをつけて、株を充実させるとよい。

フューチャー パフューム ⓟⓥⓟ

Future Perfume

★ ★ ★

分類	HT　Type2	
開花習性	四季咲き	花色　ピンク
花径	8cm　　伸長　0.8～1m	
作出	コルデス（ドイツ）2019年	
芳香	強香	

バラらしい形に、強く甘い香り。それなのに、とても丈夫で育てやすい。木も大きくなり過ぎず、扱いやすい。

栽培のポイント

しっかりと立ち上がる樹形なので、背はほどほど伸びるが、狭い場所でも楽しめる。つる仕立てには向かないので、冬に木立仕立てに徹する。

Rose
picture
book
1

Rose
picture
book
2

Rose
picture
book
3

How to
grow
4

Garden
style
5

ヨハネ パウロ２世 ^{PVP}

Pope John Paul II

★ ★

分類	HT　Type2
開花習性	四季咲き
花色	純白
花径	11〜13cm　伸長　1.5 m
作出	Dr. Keith W. Zary（アメリカ）2008年
芳香	強香

潔白な白、気品あふれる花姿、あふれ出る爽
やかな香り。264代ローマ教皇の名にふさわ
しいバラ。しかも、細い枝にも整った花が咲
き、四季咲き性も素晴らしい。木は大きくな
り過ぎず、扱いやすいサイズ。ここまで揃っ
ていると、ふつうは難しいものが多いが、育
てやすさも兼ね備えた特別感のある白バラ。

栽培のポイント

完全な四季咲き木立性。鉢植えでも十分に楽しめる。
庭植えの場合は、生育期間中月１回は黒星病対策の
殺菌剤散布をしておくと、格段に花つきが多くなる。

メルヘンツァウバー (PVP)

Maerchenzauber

★ ★ ★

分類	F　Type2		
開花習性	四季咲き	花色	淡いアプリコット
花径	8〜10cm	伸長	1.3m
作出	コルデス（ドイツ）2015年		
芳香	中香		

優雅で見ごたえのある花には、バニラのような甘さとフルーツのような爽やかさを併せもつ香りがある。木が横張りなので、樹高は低く抑えやすいが、それなりの場所が必要。放任の育て方にも耐え、世界の最先端レベルの完成度。2017年ADR認証。

栽培のポイント

つるは出ないが、手入れによっては長めのシュートが発生する。枝は堅いのでつる仕立てには向かない。木立仕立てでしっかりと切り戻す。長雨前に黒星対策の殺菌剤を散布すれば、花つきを増やすことができる。

令の風 (れいのかぜ) ⓅⓋⓅ

Rei no kaze

★ ★

分類	HT　Type2
開花習性	四季咲き　花色　ラベンダー
花径	9〜11㎝　伸長　1.5ｍ
作出	京成バラ園芸 (日本) 2020年
芳香	微香

ひらひらと蒼く波打つ花は、ほのかに香る。
その丈夫さは、さすがにノヴァーリス譲りの
育てやすさ。

栽培のポイント ——————

しっかりと堅く立ち上がるので、狭い場所でも楽し
める。つる性の枝は出ない。木立仕立て向きの品種。

Rose
picture
book
1

Rose
picture
book
2

Rose
picture
book
3

How to
grow
4

Garden
style
5

レモン フィズ ⓅⓋⓅ

Lemon Fizz

★ ★ ★

分類	F　Type2
開花習性	四季咲き　花色　黄
花径	7〜8㎝　伸長　0.8ｍ
作出	コルデス (ドイツ) 2012年
芳香	微香

整った一重なので、ナチュラルな庭園や、和
風の庭に似合う。一方、枝がしっかりしてい
るため、しっかり自立した感じが、洋風のガー
デンにもフィットする。2015年ADR認証。

栽培のポイント ——————

常に無理のない量の花が咲き続ける。葉を病気で
まったく失うことはなく、育てやすい。大きくなり
過ぎないので、年間管理もしやすい。

スカーレット ボニカ®

Scarlet Bonica

★ ★ ★

分類	F　Type2
開花習性	四季咲き	花色	スカーレット赤
花径	7cm	伸長	0.7 m
作出	メイアン（フランス）2015年
芳香	微香

インパクトのある濃い赤は、庭を引き締める。しかし、初夏の一時の開花だけでは、ガーデンデザインとしては物足りない。その点、手間なく何度も咲くこの品種なら、期待に応えてくれ。秋は黒味のある色彩になる。

栽培のポイント

つるにもならず、コンパクトなまま咲き続ける。横に張り出す樹形なので、まわりに余裕のある植えつけを心がける。

チェリー ボニカ®ⓅⓋⓅ

Cherry Bonica

★ ★ ★

分類	S　Type2
開花習性	四季咲き
花色	レッド〜ローズレッド
花径	6cm	伸長	0.7 m
作出	メイアン（フランス）2013年
芳香	微香

ころっとした鮮やかな色彩の花は、一輪がとても長く咲き、しかもその後きれいに散るので、花がら切りをしなくても見苦しくならない。花が散る前は色が暗く沈むので、花びらを散らしたくない場合は、このタイミングで花がらを摘む。次々と花が上がるので、長い期間鑑賞できる。2015年ADR認証。

栽培のポイント

つるも出ずに、コンパクトに収まる。3年経った頃から大きく伸びだすので、そうなったら冬剪定でしっかりと切り戻して、大きさをコントロールする。

ティアーモ (PVP)

Tiamo

★ ★

分類	HT　Type2		
開花習性	四季咲き	花色	赤
花径	8cm	伸長	0.8〜1m
作出	コルデス（ドイツ）2016年		
芳香	微香		

アイラブユーの花名そのもの、情熱的な深くも鮮やかな赤の大輪。花びらはしっかりと厚く、花もちもいい。

栽培のポイント ———

つるは出ないが、太くて堅いしっかりとした枝が立つ。困るほど大きくなるわけではないので、冬の木立仕立てで、かなり低くつくり込む。

Rose
picture
book
1

Rose
picture
book
2

Rose
picture
book
3

How to
grow
4

Garden
style
5

ゼペティ

Zepeti

★ ★ ★

分類	MIN　Type3		
開花習性	四季咲き	花色	赤
花径	3〜4cm	伸長	0.2〜0.5m
作出	メイアン（フランス）2021年		
芳香	微香		

花はほぼ散らないが、汚くなりにくいところがすごい。葉も椿のように厚くてつやがある。非常にコンパクトで成長も遅いので、広い場所は不要。花つきは多くはないが、前の花がまだ咲いているうちから次の花が咲いてくるので、常に同じような状態で一年中大きくなっていく。

栽培のポイント ———

成長が遅い。耐病性も高く、この小ささでは極めて高性能。長雨どきの殺菌剤散布と虫をとるだけでいい。放置しても実はつかないので、花がら摘みも不要。数年してから剪定しても十分に小さく維持できる。

photo : Meillan int.

85

別名【オールド ピンク マンスリー、コモン ブラッシュ チャイナ、コモン マンスリー、パーソン
ズ ピンク チャイナ、マンスリー ローズ、ロサ インディカ ブルガリス】

オールド ブラッシュ

Old Blush

★ ★ ★

分類	Ch　Type3		
開花習性	四季咲き	花色	ピンク
花径	6㎝	伸長	0.4〜1m
作出	不明（中国）1759年以前		
芳香	中香	寒冷地	―

農家の庭先などで、よく大株になっている。
素朴な花がたくさん咲く春のシーンは、安堵
感のある美しさ。ヨーロッパに最初にもたら
された、バラの系統のひとつ。

栽培のポイント

東アジアで生まれた四季咲きの園芸種なので、葉を
失うこともあるが、春には何事もなかったのように
花を咲かせる。

ガーデン オブ ローゼズ (PVP)

Garden of Roses

★ ★ ★

分類	S　Type3		
開花習性	四季咲き		
花色	淡い杏色〜クリームピンク		
花径	8〜10㎝	伸長	0.8m
作出	コルデス（ドイツ）1997年		
芳香	中香		

この品種を自分で育てたときに、新しいバラ
の時代が来たと感じた。美しく、香りもあり、
四季咲きでコンパクト、ほぼ無農薬でも秋に
もちゃんと咲く。こんなバラは、今までなかっ
た。最近は葉がもっと残る、花も豪華なバラ
も多くなってきたが、今でも全体のバランス
がよい品種。2009年 ADR 認証。

栽培のポイント

花つきがよく、枝が短いので、葉が増えにくい。常
に弱い枝の蕾は摘んで、葉が増えるように仕向け続
けることが大切。シャクトリムシ類に注意。

Rose
picture
book
1

Rose
picture
book
2

Rose
picture
book
3

How to
grow
4

Garden
style
5

カインダ ブルー ㉜

Kinda Blue

★ ★ ★

分類	HT　Type3
開花習性	四季咲き　花色　紫
花径	8〜10 ㎝　　伸長　1.2 m
作出	コルデス（ドイツ）2015 年
芳香	微香

栽培のポイント ──────

カミキリムシの被害に注意。長雨前にはせめて数回、黒星病予防の殺菌剤散布をしておくと、花つきが悪くならない。

低農薬でも育つが、手入れがよくなるほど、ベーサルシュートの先が巨大な球形の房となる。

岳の夢 (がくのゆめ) Ⓟ

Gaku no Yume

★　★　★

分類	F　　Type3
開花習性	四季咲き
花色	赤裏弁白
花径	4㎝
伸長	1m
作出	コルデス（ドイツ）2011年
芳香	微香

栽培のポイント

ミニバラだからといっても、樹高50〜70㎝ほどには育てたい。小さくし過ぎると体力が落ちてしまうので、手軽さを損ねてしまう。

花びらの表と裏のコントラストが見事で、美しい少し背の高いミニバラのような感覚で花もちがとてもよい。咲きがら切り不要。花首から自然に落ちるので、花びらが舞い散ることもない。育てやすさも耐寒性も極めて高く、ガーデンミニバラとして優秀。

グリーン アイス

Green Ice

★ ★

分類	SM　Type3	
開花習性	四季咲き	花色	白
花径	3㎝	伸長	0.6〜1m
作出	ムーア（アメリカ）1971年	
芳香	微香	寒冷地	伸びにくい

小さな白い花で咲きはじめ、咲ききったのち淡い緑色に変化する。緑色に変わる花は通常長く咲き続くものだが、この品種は早めに散る。

栽培のポイント

柔らかなミニバラという雰囲気。ミニバラとして育てるなら、冬に木立仕立てにする。数年放置すると長めの花枝が伸びるので、つる仕立ても可能。ミニバラの中では、丈夫で育てやすい。

Rose picture book 1

Rose picture book 2

Rose picture book 3

How to grow 4

Garden style 5

シャドウ オブ ザ ムーン ㊶

Shadow of the Moon

★ ★ ★

分類	F　Type3	
開花習性	四季咲き	花色	赤味がかった藤色
花径	5〜7㎝	伸長	0.9m
作出	木村卓功（日本）2019年	
芳香	微香		

ひらひらした小ぶりの花を、たくさん咲かせる。非常に花の寿命が長く、気温が下がる秋には驚異的に花もちがいい。枝が短いので、長い切り花はとれないが、切り花にもできる。

栽培のポイント

小ぶりの木立樹形なので、花壇前面や鉢植えに適している。花つきがよく、花もちもいいので、初年は蕾を摘んで木を育ててからのほうが、この品種のよさが実感できる。育てやすいが、月1度の薬剤散布で葉を十分保つとよい。

シュビラ (PVP)

Sibylla

★ ★ ★

分類	S　Type3	
開花習性	返り咲き	花色	赤紫
花径	7 cm	伸長	1.1 m
作出	タンタウ（ドイツ）2019年	
芳香	微香	寒冷地	耐える

濃いローズピンクに、赤紫色のシベがあやしい
魅力を醸し出す。古代のシャーマンをイメージ
した名前。自然風・和風の庭に合う。夏までは
返り咲くが、秋に向けて徐々に花が減る。その
ため葉を大幅に失って木が弱らない限り、実を
つけたまま楽しんでもよい。

栽培のポイント

寒冷地に自生するハマナスの仲間の交配なので、温
暖地では西日を避けたい。できれば、朝のうちの光
が当たる場所がベスト。最新の品種なので成木樹形
は未知数だが、樹勢は驚くほど強くない。横に広が
る庭木の感覚で栽培。

ステファニー グッテンベルク (PVP)

Stephanie Guttenberg

★ ★ ★

分類	F　Type3
開花習性	四季咲き
花色	アイボリーホワイト、中心ソフトピンク
花径	7〜10 cm　伸長　0.8 m
作出	タンタウ（ドイツ）2011年
芳香	微香

花も香りもいい花が、たくさん繰り返し咲く。
コンパクトな木なのにとても丈夫で、無農薬
栽培でも蕾を摘んで樹勢を維持すれば、株が
成長する。秋の花も、そこそこ楽しめる。

栽培のポイント

横張り樹形なので、やや広めに場所を確保する。株
元の草花植栽は、薄く広がる物以外は向かない。秋
も多くの立派な花咲かせたいなら、月1回の薬剤散
布が効果的。

Rose
picture
book
1

Rose
picture
book
2

Rose
picture
book
3

How to
grow
4

Garden
style
5

ディープ ボルドー ㊟

Deep Bordeaux

✿ ✿ ✿

分類	F Type3
開花習性	四季咲き
花径	8〜10㎝
作出	コルデス（ドイツ）2014年
芳香	中香

花色	深い赤
伸長	1.5〜1.8ｍ
寒冷地	－

現時点で、極めて完成度の高いバラ。丈夫さや花つきのよさ、手間なく繰り返し咲くので、花壇の中でも目立つところに配置し、ガーデンデザインの締めとして使いたい。木も巨大にならず、扱いやすい。

栽培のポイント

仮植えのはずが移植できず放置され、草刈だけで管理していた株が秋に驚くほど花を咲かせていた時にはさすがに驚いた。日当たりを十分確保する。直立樹形で、狭い場所にもフィットする。

スウィート ドリフト ^{PVP}

Sweet Drift

✽ ✽ ✽

分類	MIN　Type3
開花習性	四季咲き	花色	ピンク
花径	6〜6.5cm	伸長	0.5〜0.8m
作出	メイアン（フランス）2009年
芳香	微香

可愛い花をたくさん何度も咲かせる、とても
丈夫な庭植用のミニバラ。手入れが行き届か
なくても年々株が大きく成長し、花が増えて
いく。こんもりドーム状に茂るので、株元へ
の植栽は、落葉期の葉ボタンやムスカリなど
がおすすめ。

栽培のポイント

月1〜2回の殺虫殺菌剤の散布や、まめな追肥などを
すると、高さが1mほどになることもある。株は大
きくなるほど丈夫になる。

Rose
picture
book
1

Rose
picture
book
2

Rose
picture
book
3

How to
grow
4

Garden
style
5

ポップコーン ドリフト ^{PVP}

Popcorn Drift

★ ★ ★

分類	MIN　　Type3
開花習性	四季咲き
花色	黄色～クリームホワイト

花径	5㎝	伸長	0.4～0.5m

作出	ノバフローラ（アメリカ）2007年
芳香	微香

栽培のポイント

最新品種で成木の様子はうかがい知れないが、直径
60～100㎝のまんじゅう型樹形と思われる。株元
にほかの草花を植えるとしたら、最強の日陰植物の
リュウノヒゲ「タマリュウ」くらいだろう。葉も落
ちにくい。

黄色の蕾から白い花になる様子を、見事に表
現した花の名前に感心する。あっさりした花
だが、あきれるほどたくさん何度も咲く。横
張り樹形といわれるが、今のところものすご
く大きくなる様子は見えない。

プラム パーフェクト®

Plum Perfect®

★ ★

分類	F	Type3
開花習性	四季咲き	花色	紫
花径	8 cm	伸長	1.2〜1.5 m
作出	コルデス（ドイツ）2009年
芳香	微香

花としての色気は少なめだが、花もちがよく、
花数が多く、何度も咲かせる。花壇の奥のほ
うで、名脇役として使うと力を発揮する。

栽培のポイント

秋にも多くの花を楽しむには、月1〜2回の殺虫殺
菌剤が効果的。丈夫なフロリバンダとして扱う。高
さも大きくならず、扱いやすい。花壇の中段に植え
るとよい。

プリンセス ヴェール®

Princess Veil®

★ ★

分類	F	Type3
開花習性	四季咲き	花色	ピンク
花径	8〜10cm	伸長	0.8〜1.5m
作出	コルデス（ドイツ）2011年
芳香	強香

春の花はロゼット咲きだが、秋深くには深い
カップ咲きになる。エレガントな花には、爽
やかな甘い香りが漂う。トゲの少ない枝で、
木は直立樹形なので、狭い場所でも植えられ
る。

栽培のポイント ————————

秋にも多くの花を楽しみたいなら、月1〜2回の殺
虫殺菌剤が効果的。高さ1.8mほどの細身のオベリ
スクに添わせても、味わい深い仕立てに。

Rose
picture
book
1

Rose
picture
book
2

Rose
picture
book
3

How to
grow
4

Garden
style
5

フロキシー ベビー ^{PVP}

Phloxy Baby

★ ★ ★

分類	M	Type3
開花習性	四季咲き	花色 ピンク
花径	2 cm	伸長 0.5〜1 m
作出	ウイリアム J ラドラー（カナダ）2013年	
芳香	微香	寒冷地 伸びにくい

小さな小さな桜のような小花が群れ咲く姿が、非常に愛らしい。実をつけながら次の花を咲かせるほど、成長力旺盛。ナチュラルガーデンや和風の庭で楽しんでほしい。葉に産毛があるので、株全体が柔らかい雰囲気。

栽培のポイント

ハダニがつきやすいので、雨が当たらない場所は避けたい。花がら切り不要。ミニバラとして、冬剪定で切り詰めて管理するもよし。まだ新しい品種なので、どこまで大きくなるかは不明だが、無剪定で6〜7年かけて1mには育ちそうにも見えるので、庭木としても使える。

ホワイト ノック アウト(PVP)

White Knock Out

★ ★ ★

分類	F　Type3		
開花習性	四季咲き		
花色	白、中心にごく薄いクリーム色		
花径	2cm	伸長	0.5〜1m
作出	ウイリアム J ラドラー（カナダ）2009 年		
芳香	微香	寒冷地	伸びにくい

ノックアウトシリーズだが、シリーズ中のもっとも小型樹形。自然風、和風の庭に向く。たくさん咲き、繰り返し咲く。

栽培のポイント ─────────

何年か経つと、ベーサルシュートが出にくくなってくる。本当に小さいのは最初のうちで、樹高70cmほどに成長することを見込んで植える。木が大きくなると株元は空くので、小型の草花を植えることができる。

ラベンダー メイディランド®(PVP)

Lavender Meidiland®

★ ★ ★

分類	S　Type3		
開花習性	四季咲き	花色	ラベンダーピンク
花径	4〜5cm	伸長	0.5〜0.8m
作出	メイアン（フランス）2008年		
芳香	微香		

あっさりした花が密集することなく、ふんわりりこんもりと群れ咲く。バラの木の下が、散った花びらで薄紫に染まるほど。実つきもよく、木に小ぶりな実がたくさんつく。

栽培のポイント ─────────

年々太いベーサルシュートが発生し、徐々に大株に育っていく。成長量はさほど多くないので、冬の剪定で大きさのコントロールは可能。5〜6年剪定を放棄すれば、直径1mを越えるようなドーム状に育ち、見事な開花を見せてくれる。自然樹形では、草花類を株の近くには植えられない。目的の大きさになるまでは、一年草で彩る。

マイ ローズ (PVP)

My Rose

★ ★ ★

分類	F　Type3		
開花習性	四季咲き	花色	赤
花径	5〜7cm	伸長	1m
作出	木村卓功（日本）2019年		
芳香	微香		

小ぶりで非常に花もちのいい花を、たくさん何度も咲かせ、夏でも見栄えのする花が咲く。

栽培のポイント

コンパクトな木立樹形。長雨シーズン前に薬剤散布をすれば、ほぼ手間いらず。木は小さいが、勢いを感じる。若木からある程度咲かせても、少しずつしっかり成長する。木が育ってしまえば、無肥料・無農薬も夢ではない。花壇前面や鉢植えに適している。

リラ

Lilas

★ ★ ★

分類	F　Type3		
開花習性	四季咲き	花色	藤色
花径	7〜9cm	伸長	0.9m
作出	木村卓功（日本）2020年		
芳香	中香		

香りのいいカップ咲きの花は、開き切っても崩れない。四季咲き性でよく咲き、夏花も美しい。

栽培のポイント

コンパクトな木立樹形でよく咲くので、初年は蕾を摘んで木をつくり、その後も花がら切り程度で数年育てると勢いがつく。とても育てやすいため、じっくり大きく育てるのがよい。木が育ってしまえば、無肥料・無農薬も夢ではない。花壇前面や鉢植えに適している。

シャルール ^{PVP}

Chaleur

★ ★

分類	F　　Type3		
開花習性	四季咲き	花色	オレンジ
花径	7〜9㎝	伸長	0.4〜0.5m
作出	木村卓功（日本）2021年		
芳香	中香		

開花と共に色彩が変わる、暖色系の豊かな色合い。中輪・房咲きの花。落ち着いたティーの中香。濃い色彩の蕾から開花し、オレンジや黄色の花芯を見せる。咲き進むとさらに花色が変わり、一株で多彩な暖色系の色合いとなる。水上げ・花もちがよく、切花にも向く。

栽培のポイント ───────

四季咲き性。樹勢は普通、耐病性が高い木立樹形のバラ。初心者向き。薬剤散布を一切行わなくても、環境のよい場所では、ほとんど病気にならずに生育する。小型種なので、花壇前面に向く。

リサ リサ ^{PVP}

Risa Risa

★ ★ ★

分類	F　　Type3		
開花習性	四季咲き	花色	サーモンピンク
花径	5〜7㎝	伸長	1m
作出	木村卓功（日本）2018年		
芳香	微香		

ひらひらした小花をたくさん何度も咲かせ、花の寿命も長い。庭の彩りとして重宝するタイプ。

栽培のポイント ───────

横張りの木立樹形で、コンパクト。花壇前面に適している。非常に丈夫で株が育ってしまえば、大量に虫が出たときに薬を撒く程度で管理できる。

レヨン ドゥ ソレイユ Ⓟ

Rayon de Soleil

★　★　★

分類	F	Type3
開花習性	四季咲き	花色 黄
花径	5〜7cm	伸長 1.4m
作出	メイアン（フランス）2015年	
芳香	微香	

色鮮やかなキリっとした花が、たくさん次々に咲く。背は伸びるが、これほど直立の樹形も珍しく、狭い場所でも楽しめる。

栽培のポイント

夏場に葉を一時落とすことはあるものの、放任でも葉が茂っている。長雨の時期だけでも殺菌剤を散布すると、多くの花が秋も楽しめる。花つきがいいので、細い枝や夏の蕾は摘んで、体力温存をする。

Rose
picture
book
1

Rose
picture
book
2

Rose
picture
book
3

How to
grow
4

Garden
style
5

リモンチェッロ ^{PVP}

Limoncello

★ ★ ★

分類	SF　　Type3		
開花習性	四季咲き	花色	黄
花径	5〜7cm	伸長	1.2〜1.8m
作出	メイアン（フランス）2008年		
芳香	微香	寒冷地	伸びにくい

花はレモンイエローから淡い黄色に変化し、
二つのバラが入り乱れて咲いているようで美
しい。花びらの数は少ないが、寿命が長い。
あきれるほど咲き、枝は細くしなやかでふん
わり大きく茂るので、株が花で包まれる。近
くには一年草を、そのときのバラの大きさに
合わせて植える。宿根草は合わない。

栽培のポイント

無剪定では6年ほど経つと、直径1.6mほどのドー
ム状になる。冬剪定で小さく調整してもいい。枝が
柔らかいので、低いフェンスへのつる仕立ても可能。
時間をかければ、高さ2m近くまで誘引できる。仕
上がりは遅いが、四季咲きのつる仕立てのよさを実
感する。

ラリッサ バルコニア (PVP)

Larissa Balconia

★ ★ ★

分類	F　　Type3		
開花習性	四季咲き	花色	淡いピンク
花径	8cm	伸長	0.6m
作出	コルデス（ドイツ）2014年		
芳香	微香		

ここまで樹高が低いのに、この花の大きさは今までにないジャンル。しかも、育てやすいところがすごい。10号以上の鉢植えでも、花壇の前面で活躍する。

栽培のポイント

夏に暑がって成長が止まるので、あまりまわりにたくさんの草花は植えないほうが無難。木は小型だが、根はそれなりに大きく育つので、庭植えがいい。しかし、大きめの鉢で病害虫の予防ができる資材（鉢植えなど）を使うと手間がないので、この方法も非常におすすめ。

Brise Parfum

バラの基本の育て方

本書の図鑑で紹介しているバラは、育てやすい品種に絞っていますので、バラ栽培の最大の悩みになる病害虫対策は載せていません。農薬はほとんどいらないか、ほんの少しの使用で済みます。

しかし、手入れをまったくせずに放置してしまっては、美しい花が咲きにくくなってしまいます。水やり、肥料、剪定など、必要最低限の作業は必要です。なかでも剪定は、品種と目的によってまったく異なってくるため、詳しく解説しています。

苗 の 種 類

専門店に行けば、一年中さまざまなタイプの苗が揃っていますが、
最近では、通信販売を利用される方も少なくありません。
苗の種類はおおまかに4タイプ。それぞれの特徴をご紹介しましょう。

年間の流通時期　赤色の時期に多くの量が流通します

	3月	4月	5月	6月	7月	8月	9月	10月	11月	12月	1月	2月
新苗												
大苗(ポット苗)												
鉢苗			開花苗					開花苗				
長尺苗												

大苗

畑で1年間育てた苗を掘り起こし、短く
切り詰めて鉢に植えたものです。最盛
期には、人気品種はすぐに売り切れるの
で、秋に予約すれば、比較的入手しやす
いです。体力がある苗なので、初年の春
から、半分の花を楽しめます。

新苗

赤ちゃん苗で、リーズナブル。秋まで摘
蕾を繰り返し、株の充実をはかります。
すぐに花を楽しみたい方には向きませ
んが、株が幼いほうが自分好みの樹形に
育てやすいです。愛好家向けの少量生
産品には、新苗でしか入手できない品種
もあります。

Rose
picture
book
1

Rose
picture
book
2

Rose
picture
book
3

How to
grow
4

Garden
style
5

column

真冬に新芽が出ている苗の扱い方

やわらかく伸びた枝をすべて切ると、苗が弱ってしまい
ます。温暖地では、伸びた芽はそのまま放置し、春に枯
れ込んだ部分だけ切り取ります。極寒地では、寒さに耐
えられない状態の苗が届くこともあるので、春以降に新
苗を取り寄せるようにしましょう。

開花苗

鉢植えにされた大苗が、蕾や花がついた
状態で売られています。実際に花を見て、
香りを確かめて選ぶことができ、すぐに
お花を楽しめてギフトにも最適です。

長尺苗

シュラブやつる性のバラを、鉢で長く育
てて伸びたまま販売。入手したその日
から、アーチやトレリスなどの構造物に
誘引でき、春には花が楽しめます。苗の
金額と配送料は高めです。

基本の道具

バラの手入れをする際に必要な道具をご紹介します。
最初にきちんとした道具を揃えておくと、長く使い続けることができ、
日々の作業もスムーズに進みます。

革手袋　作業シーンによって、手袋を使い分けましょう

▲ **長いタイプ**
腕までカバーするロングタイプ。葉や枝が茂った奥のほうまで、手を入れることができる。

▲ **短いタイプ**
普段の手入れによく使われる。手のひらの部分が厚めで、トゲが刺さりにくくなっている。

▲ **短くソフトなタイプ**
指が自由に動き、誘引でひもを結ぶときなどに便利。

ハサミ　切れ味のよいハサミを使うと、バラが喜びます

▲ **文房具バサミ**
ひもを切ったりするときに便利。

▲ **芽切りバサミ**
刃先が細く厚いので、細い枝を切ったり、細かい作業に向いている。

▲ **剪定バサミ**
堅い枝を切ったり、根を切るときに使う。
※この刃の形のものは、この剪定バサミ以外は選ばないように。一般の剪定バサミ（左に掲載している芽切りバサミ）と同じ形式のものは、値段に応じて切れ味や長持の程度が異なる。

ナイフ　太くなった枝を切ったり、植え替え時に根を切ったり、崩すときに使います

▲ **剪定ノコギリ**
ハサミでは切れない太い枝が切れる、コンパクトなタイプ。

▲ **根かき**
植え替え時に、根鉢を崩すときに使う。

▲ **根ノコギリ**
植え替え時、根鉢の底を土ごと切り落とすときに使う。
※根鉢：鉢植えの植物を鉢から抜くと、鉢の形で根が固まっている。その状態を指す。

◀ **刃物クリーナー**
布に直接噴霧し、ハサミやノコギリの刃を拭くと、ヤニが取れて切れ味が復活します。

鉢 プラスチック性は
軽くて扱いやすく、
水分コントロールがしやすいです

▲
底面吸水鉢
鉢の底面に水を貯め
るタイプ。水やりの
回数を減らすことが
でき、夏に重宝する。
秋口になったら、白
い栓をはずして水抜
きをする。

▲
土すくい
取っ手がついている
と、用土袋から土をす
くいやすい。

▲
バラ専用鉢
底面に細かいスリッ
トが入っていて、排水
性に優れたタイプ。

Rose
picture
book
1

Rose
picture
book
2

Rose
picture
book
3

How to
grow
4

Garden
style
5

ひも類 つるバラ誘引のときに
使うひも。素材によって、
使い勝手が異なります

▲
麻ひも（太・細）
やわらかくて、結びや
すい。

▲
シュロひも
とても丈夫なひも。水
に浸すとやわらかくな
り、結びやすくなる。

▲
ビニタイ
誘引用の細い針金なの
で「結ぶ」必要がない。
片手で枝を押さえなが
ら、簡単に固定できる。

ジョウロ 鉢植えは、思った以上に水を必要とします
大きめのサイズを選びましょう

▲
ジョウロ（大）
大きめのサイズが使
いやすい。ハス口は
取っ手の下に収納で
きる。

バラの好む環境

バラにとって、とても大事な「光」と「水」と「土」について
ポイントをご紹介します。
特に鉢植えの土には、寿命があることを知っておきましょう。

光 バラは日光がたっぷり当たる場所を好みます。活動期は葉が日を受けて光合成すると栄養がたっぷり蓄えられ、丈夫な株に育ちます。葉に1日3時間以上は日が当たる屋外で育てましょう。季節によって光の射し方が変わるので注意します。

水 バラは葉が茂ってくると、多くの水を欲しがります。庭植えの場合は日照りのときだけ注意すればOKですが、鉢植えの場合は水切れは厳禁。株が元気なら、鉢底から水が流れ出るほど、毎日やりましょう。夏なら鉢皿に溜め水をしても大丈夫です。株の生育が鈍くなったら、ちゃんと土に空気が入るまで乾いてから水をやることが大切です。慣れないうちは、水やり後の鉢の重さを知っておくと役立ちます。

土 庭土の場合は、肥料等によってふかふかの土を育てます（→p112参照）。鉢土の場合は1年1回を目安に交換します。どちらも冬の作業ですが、鉢植えの場合は根を崩さずに新しい土を足す鉢増しであれば、生育期でも行えます。

column

台風対策

鉢植えの場合、倒れて鉢が割れたり、転げ回って枝葉が傷みます。あらかじめ鉢を倒しておくと安心です。庭植えの場合、強い風で枝が折れたりトゲが枝葉を傷つけます。ひもでまとめて、予防しましょう。

Rose
picture
book

1

Rose
picture
book

2

Rose
picture
book

3

How to
grow

4

Garden
style

5

鉢の植え替えの理由

理由1　根の張る場所をつくる

苗に対して鉢が小さくなり、根の張るスペースが
なくなったから。鉢が小さいほど、株が大きく育
ちやすいほど、植え替えが必要です。

理由2　用土の寿命

時間とともに土の粒子が壊れて細かくなり、空気
と水の通るすき間が塞がってきます。水はけが悪
くなったら、土の寿命です。

植え替えの方法

土替え（11月〜2月）

根を崩して、用土の多くを交換します。

鉢増し（4月〜10月）

根を崩さずに、鉢をひとまわり大きくして根の張
るスペースをつくります。応急処置なので、冬に
土替えをします。

1 鉢から株を抜く

2 根鉢を根かきで崩し、
古い土を2/3〜1/2
落とす
※根ノコギリで、根の下部
1/4を切り落としてもよい。

植え替え
の手順

3 鉢の大きさが同じなら、
根を1/2にハサミで切
り、大鉢に植え替えるな
ら少し切るだけでよい

根の間に新しい用土
を突き入れながら、
植えつける

4

5 水をたっぷり
与える

肥料の与え方

四季咲き性の大輪のバラの中には、多くの肥料を必要とするものがありますが、
庭植えのつる性や半つる性などは、肥料が多いと育ち過ぎる場合があります。
一方、鉢植えは肥料切れしやすいので、まめに肥料を追加します。

年間の施肥時期

	1月	2月	3月	4月	5月	6月	7月	8月	9月	10月	11月	12月
庭植	寒肥(完熟堆肥＋元肥)					追肥 ※株が弱ったときのみ、6月に追肥(有機系液体肥料)						
鉢植	本肥 ※植えつけと共に元肥用の肥料を土に混ぜる		追肥			追肥			追肥		本肥	

※庭植えは葉を病気や虫で失わなければ、寒肥だけで1年間育てあげることができます。

目的によって、肥料は2つに分かれる

1.土を育てるための肥料
庭土をふかふかにして根張りをよくするためには、牛や馬の堆肥が有効です。鉢植えはよい土を購入して使うので、考える必要がありません。

2.バラを育てるための肥料
肥料分の濃い元肥や追肥があります。肥料によって濃さや、効果のある期間が異なるので、使い方をよく読みましょう。庭植えは有機肥料がおすすめです。

肥料は適量を心がけ、鉢植えには液肥も効果的

適度な肥料は株を充実させ病気になりにくくします。鉢植えは肥料が抜けやすいので、まめな肥料やりが必要です。液肥の種類を生育ステージごとに「葉を茂らせる」「花をよくする」ための肥料に切り替えて、コントロールすることもできます。

バラは肥料食いとは限らない

一般的にバラは肥料食いといわれ、無闇に肥料をガンガン与える方がいますが、それはとても大きな花を1年に何度も咲かせる一部のバラであって、肥料を多く与え過ぎると軟弱に育ち、うどん粉病にかかりやすくなる面もあるので注意します。
一回咲き性やとても長く伸びるつる性のバラは、庭植えであれば寒肥だけで十分です。

肥料で花弁数が変わる

肥料が多過ぎると、花びらの数が増え、花の形が崩れるときがあります。次回からは、蕾が見えたら、肥料分を切るとよいでしょう。
ちなみに、気温が高い夏に咲く花は、肥料が効いていても、花が小さくて花びらも少なくなります。

Rose
picture
book
1

Rose
picture
book
2

Rose
picture
book
3

How to
grow
4

Garden
style
5

バラの根の先に肥料を与える

肥料を吸収するのは、細かく分かれた根の先の部分
です。鉢植えは鉢に沿った部分、庭植えは葉が茂っ
た枝先の真下の部分です。それぞれ３カ所くらいに
分けて与えます。
施肥は、やむを得ないときを除き、続けて同じ場所に
与えるのではなく、変えるのが基本です。

庭植えの場合

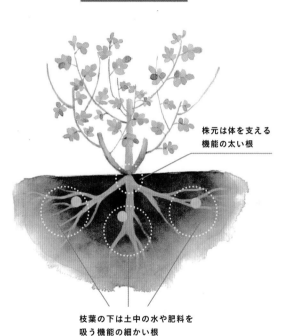

株元は体を支える
機能の太い根

枝葉の下は土中の水や肥料を
吸う機能の細かい根

鉢植えの場合

バラ

次回の施肥

今回の施肥

細かい根の
多い部分

---

column

肥料を使いこなす

緩効性肥料は、少ない回数で済むので便利ですが、寒いと
肥料分が溶け出てきません。そのため、液体肥料や速効性
の化成肥料のほうが寒いときはよく効きます。また、葉を
失っているときや弱っているときも液体肥料は有効です。

春から秋の基本作業

生長の季節は、葉が多くなるほど元気になり、
多くの蕾や花を多く何度もつけるほど弱ります。
葉の増やし方、葉の守り方を知っておきましょう。

葉を増やして元気にしましょう

特に購入して間もない、若い株には有効です。

POINT
1 大苗も蕾の半分は摘む

一斉に芽吹いた枝のうち、細い枝から順に半分程
度の枝の蕾を手で摘み取れるみずみずしいうちに
摘む。バラは蕾がなくなると再び枝を伸ばして葉
を増やそうとします（新苗は咲かせません）。

POINT
2 早めに花を切る

いくつかの花はきれいなうちに **A〜B** で切り取っ
て飾る。品種によっては花もちがよくて、次の枝
葉がなかなか出てこないものがあるからです。

POINT
3 花がら切り

株が元気であれば、色があせるまで咲かせても大丈
夫です。**2** と同じ位置で切ります。株の元気がな
くなってきたら、葉を多く残して早めに切ります。

POINT
4 ベーサルシュートの扱い

花の時期には見なかったような極太の枝（ベーサ
ルシュート）が伸びてきて、たくさんの花が房で咲
くようなら蕾の数を半分に減らす。これは個性が
分かれて花があまり咲かずに長くのびる場合もあ
ります。この場合は放置しても構いません。

花がら切りの位置
バラの丈夫さと管理者のスキル、そして目的で変わります。

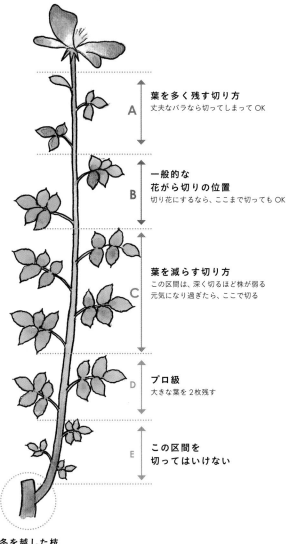

A 葉を多く残す切り方
丈夫なバラなら切ってしまって OK

B 一般的な
花がら切りの位置
切り花にするなら、ここまで切っても OK

C 葉を減らす切り方
この区間は、深く切るほど株が弱る
元気になり過ぎたら、ここで切る

D プロ級
大きな葉を2枚残す

E この区間を
切ってはいけない

冬を越した枝

元気がよ過ぎると感じたら

半つるのバラにはよくあります。葉を減らしておとなしくさせます。ただし、いきなり葉の量を半分以下にしてはいけません。

POINT

1 なるべく花を木で長く咲かせる

咲かせることで、養分を消費する上、次の枝葉の出を遅らせることができます。房咲きとなるベーサルシュート（右図 **A**）も同様です。

POINT

2 花がら切りを深くする

右図 **C**（→ P.114参照）の位置で切ります。深く切るほど勢いを抑えられます。

POINT

3 ベーサルシュートを切る（右図 B、C）

極太の枝が蕾も見せずに見上げるほど長く伸びはじめたら、とりあえず半分で切ります。ただし、一回咲き性は８月上旬までが適期。返り咲き性は、９月下旬まで可能です。もちろん、つる仕立てにする場合は、切らずに長く伸ばします。（関東基準）

葉を守ろう

いくら丈夫なバラでも放置は厳禁。虫が葉を食べるようなら取ります。病気は品種と環境で出かたが変わります。北国で新芽に粉が吹く病気になったら次回新芽が出たころにウドンコ病の薬を花が咲くまで月１回散布。温暖地で梅雨時に葉に黒い点が出て落葉するようなら長雨（梅雨や秋雨）のころだけでも隔週で２回ほど黒星病の薬をまきましょう。これでも弱るようなら、冬と真夏を除いて月に１、２回の殺菌剤散布を心がけます。

ウドンコ病は若い枝葉が乾いた冷たい風に吹かれてなりやすく、黒星病は成熟した葉が長く濡れ続くことでなります。一回咲きのつるバラは無農薬でも大丈夫です。

ベーサルシュートの形の違い
品種、元気さ、季節で異なります。

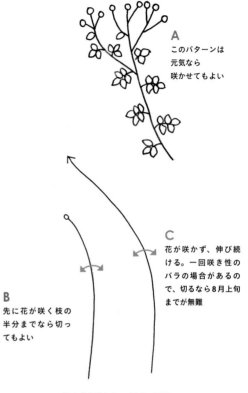

A このパターンは元気なら咲かせてもよい

C 花が咲かず、伸び続ける。一回咲き性のバラの場合があるので、切るなら８月上旬までが無難

B 先に花が咲く枝の半分までなら切ってもよい

返り咲き性なら、９月まで可能
ベーサルシュートの形の違い
品種・元気さ・季節で異なる

column

鉢植えを、手間なく育てる

丈夫なバラの鉢植えであれば、これを土にまくだけで、虫も病気もつきにくいので、気楽にバラを育てられます。

冬の基本作業 −誘引・剪定−

冬の作業は寒肥（→ p.112）と、誘引・剪定です。
休眠しているときには、どんなに深切りしても枯れない
という性質があります。恐れずにチャレンジしてください。

誘引・剪定で枝の出る方向や、花の量をコントロールできるのは若い枝だけです。生えてから３年以上経ったものは反応が極めて鈍くなります。花数を犠牲にしてでも小さくしたいのか、大きくても若枝を多く残してたくさん咲かせたいのかは育てる人の判断となります。

誘引・剪定の適期

- 一回咲きのつるバラ
  12月下旬〜１月（新芽が伸び出す前に終わらせる）

- 四季咲き、返り咲き
  １月〜２月（剪定→図B）

誘引　咲かせたいところに、咲きやすくする

つる仕立てにしたときに咲かせ方をコントロールして、咲かせたいところに咲きやすくさせるテクニックです。植物は枝先や、天に近い芽に養分が集まりやすい（頂芽優勢といいます）ので、この性質を使って咲かせ方を調整します。つる仕立てでは長い枝を誘引に、短めの枝を剪定（→図B）によって咲き姿を調整します。木立樹形の品種を誘引するときは、剪定した枝先が咲かせたい場所に散らばるように結び、固定して配置します。

誘引のイメージ 図A　四季咲き、返り咲き品種でこうなりやすい

【 A-1　養分を集中させたい場合 】

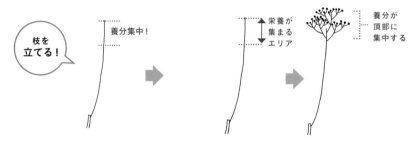

【 A-2　養分を分散させたい場合 】

剪定　一回咲きとそれ以外では、切り方がまったく変わる

一回咲き

数年に一度古い枝と貧弱な細い若枝を半分ほど処分し、前年に伸びた若い枝はなるべく切らずにとっておきます。これを切ってしまうと花が咲きません。

四季咲き・返り咲き

若い枝を切り詰めた先に咲かせることで、咲く位置をコントロールします（→図B）。切り詰めた枝先から芽が出るので、光が当たらない陥没した枝をつくらないようにします。

切り詰めた枝の先端の芽が伸びますが、枝が太いほど3〜5芽まで動きます。慣れてきたら芽の伸びる方向が重ならない位置で剪定するとよりバランスのとれた咲き姿に仕立て上がります。

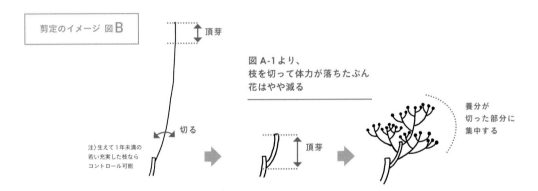

剪定のイメージ 図B

頂芽

切る

注）生えて1年未満の若い充実した枝ならコントロール可能

図A-1より、
枝を切って体力が落ちたぶん
花はやや減る

頂芽

養分が切った部分に集中する

✂POINT　四季咲き・返り咲きの剪定・管理

半つる性のつるは切る

元気になるほど春だけ豪快に咲いて夏以降はつるしか伸びない状態になりがちです。木立仕立てにするのであれば、冬にガツンと深く切り戻して勢いを弱め、つる化する時期を遅らせて花を咲きやすい状態にします。このような意味でも、つる化しやすいなと感じた品種は、春以降の肥料を控えるようにします。

細い枝は切る

品種によって、花の咲きやすい枝の太さは異なるので、剪定して残した枝がどのくらい細いと咲かなかったのか観察しましょう。次回から混み合った枝の優先順位を、判断できるようになります。

枯れた枝は常時切る

剪定時期にこだわらず、枯れた枝は見つけたら切って処分します。

剪定の高さは、根の量で変わる

鉢植え　ー根が少ないー

根の量が増えにくいので、タイプに関わらずなるべく深く切ります。ベーサルシュートがあれば20〜40cm残して切る感じです。周りの古い枝がこの枝に影をつくらないような小枝があれば透かすように処分します。ベーサルシュートが出ないときは、前年に伸びた枝に3芽ほど残して切ります。

庭植え　ー根が多いー

根が大きく育つので、たくさんの枝を残しておけます。元気になってもつる化しないものは、古い枝に残る元気な枝を活かします。元気になるほどつる化する品種は、なるべくベーサルシュートを短く切り、古い枝はなるべく処分して若枝の割合が多くなるように仕向けます。ベーサルシュートの出やすさは品種と環境、手入れで変わります。

適期＝1月中旬〜2月（関東以西平野部基準）

花のでき方による、管理法の違い

バラの樹形は「つる性」「半つる性」「木立性」に分かれますが、
樹形だけで、管理法が変わるわけではありません。
バラを育てるときには、次のA〜Dを意識してみてください。

バラの外面を表すもの

A 樹形

木が自然にどんな形で育つのか。

- **つる性のバラ**＝クライミング、ランブラー
- 半つる性のバラ＝シュラブ
- 木立性のバラ＝ブッシュ

B 仕立て

人が木をどんな形に作るのか。

- 木立ち仕立て（一回咲きは不可）
- つる仕立て

たとえば、「つるバラ」という言葉には、2つの意味が混在している

つる性のバラ
長い枝が出るまたは、
自立しにくい柔らかな
枝が出るバラの性質

つる仕立て
アーチなどの構造物に
バラを固定して、
形をつくる方法

バラの内面を表すもの

C 一回咲き

ー冬に花となる芽が決まっているー

初夏に1回だけ花を咲かせる
（種や品種によっては春に1回）。

※一季咲きと普通は表現しますが、一つの季節の中で何度
か花を咲かせるものは返り咲きとしたいので、一回咲きと
いう表現にしました。

D 四季咲き・返り咲き

ー常に花をつくる能力があるー

気候がよければ花を連続的もしくは不定
期に咲かせ続ける。バラの場合は突然変異
の完全な四季咲き種が園芸化されたので、
野生種にはない特別な性質。

【C 一回咲き】は、花後に葉だけがどんどん増えるので、十分に養分が貯まって元気です。花は秋口に充実した芽の中にセットされてから、冬を迎えます。そのため、秋以降に枝を切れば、花を失います。四季咲きのように思いきって冬に短く剪定してしまうと、まったく咲きません。

【D 四季咲き・返り咲き】が、バラの主流です。四季咲きになるほど花に養分を使われて、葉は自然に増えてくれません。花は新しく伸びた芽先につくられ（頂芽優勢）ます。枝の先端に咲くということは、葉づくりをやめてしまって、蕾をつくるということです。病害虫が増える夏以降に、何度も成長を止め（葉づくりをせず）、花に養分を消費してしまうことが最大の欠点です。蕾があるうちに葉を失えば、その後に葉を生む養分さえ残りません。

今までの四季咲き種は、一番花が咲くころには黒星病で多くの葉を失いました。すると、新たな葉を生む最低限の養分が、二番花の蕾をつくることで使われたり、病害虫で葉を失って光合成ができなくなり、養分が減って成長が止まることもありました。

ところが最新の品種は、花が終わるころまで葉が残り、次の枝に養分のバトンを渡すことができ、初心者でも格段に扱いやすくなりました。木立仕立ての冬剪定は、四季咲き・返り咲きの「剪定後に花芽ができる性質」を最大限に活かしています。冬にバッサリ切っても、花が咲くというだけでなく残った枝の少数の芽に養分を寄せ集めることができ、より大きな花を、より多く咲かせることができるからです。

たとえ、強い品種を選んでも、
四季咲きになるほど、
「弱ったら咲かせない」
「葉や芽先を喰う虫はとる」ことだけは守ってください。

column

不定期に返り咲く野生種

北海道から茨城までの海岸に生えるハマナスや南方の島に生えるヤエヤマイバラのように、開花期に荒波の塩害に遭遇することもあるバラは、開花期以外の時期に、ぽつりぽつりと咲く性質をもっているものがあります。一度に咲くメリットは大きいのですが、環境次第では全滅の可能性もありますから、こういった場所では理にかなっていると思います。

四季咲きとまではいかなくとも、春以降に芽が伸びてから花芽ができる樹木は、サルスベリなど数種あるのですが、園芸的にバラほど中心的な存在ではないこと、バラほど病気や虫がつかないことから意識されにくいようです。

ハマナス

一回咲き　つるバラ編

年に１回しか咲かない一回咲きのバラ。花のない時季は寂しい気がしますが、
たとえ限られた期間でも、豪華に咲き乱れる姿は圧巻です。
ここでは長尺苗（鉢植え）の、剪定・誘引をご紹介します。

🔋 バラの体力ケージ（イメージ）

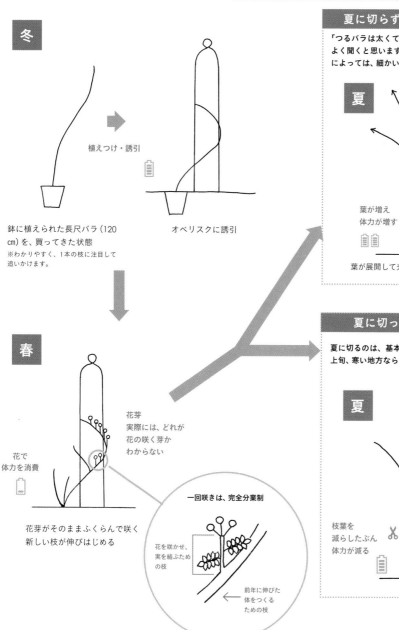

冬

植えつけ・誘引 🔋

鉢に植えられた長尺バラ（120
cm）を、買ってきた状態
※わかりやすく、1本の枝に注目して
追いかけます。

オベリスクに誘引

春

花で
体力を消費 🔋

花芽
実際には、どれが
花の咲く芽か
わからない

花芽がそのままふくらんで咲く
新しい枝が伸びはじめる

一回咲きは、完全分業制

花を咲かせ、
実を結ぶため
の枝

前年に伸びた
体をつくる
ための枝

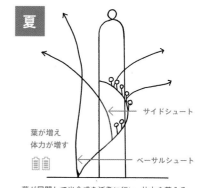

夏に切らずに誘引し、伸ばすパターン

「つるバラは太くて新しい枝に咲くので、細かい枝は切る」と、
よく聞くと思いますが、これは、大輪咲きのバラの話です。品種
によっては、細かい枝に多く咲くものもあります。

夏

サイドシュート

葉が増え
体力が増す 🔋🔋

ベーサルシュート

葉が展開して光合成を活発に行い、体力を蓄える

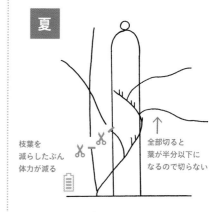

夏に切って、小さくするパターン

夏に切るのは、基本は８月上旬までです。都内や無霜地なら９月
上旬、寒い地方なら７月上旬になります。

夏

枝葉を
減らしたぶん
体力が減る 🔋

✂ ✂

全部切ると
葉が半分以下に
なるので切らない

POINT ## 一回咲きの特徴

- 株を小さくするには、夏までに切る
- 冬に切ると花が少なくなる
- 花が小さいほど、細かい枝でも残せば咲く
- 太くて立派なつるほど、つるの生え際には花芽がない

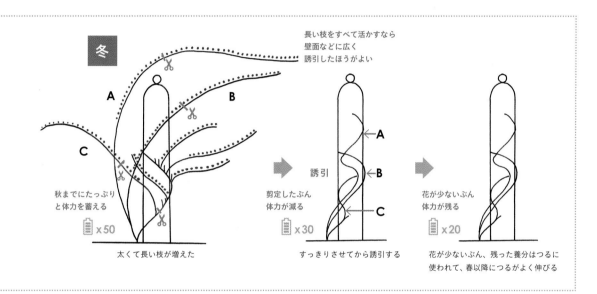

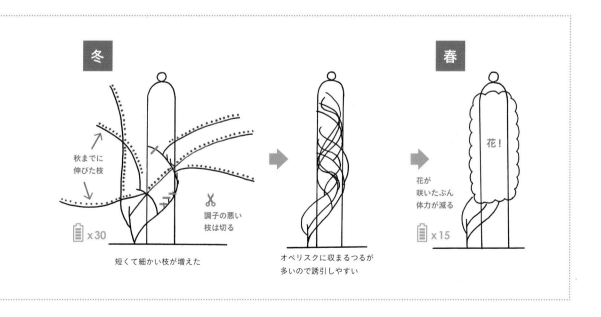

木立性・半つる性バラの「木立仕立て」編

春にまとまって咲いたあと、調子がよければ返り咲きます。
体力がつきにくいので、蕾の量を調整して、葉を増やす努力をしましょう。
さまざまなパターンを示してみました。

🔋 バラの体力ゲージ（イメージ）

【成長期】4月〜10月

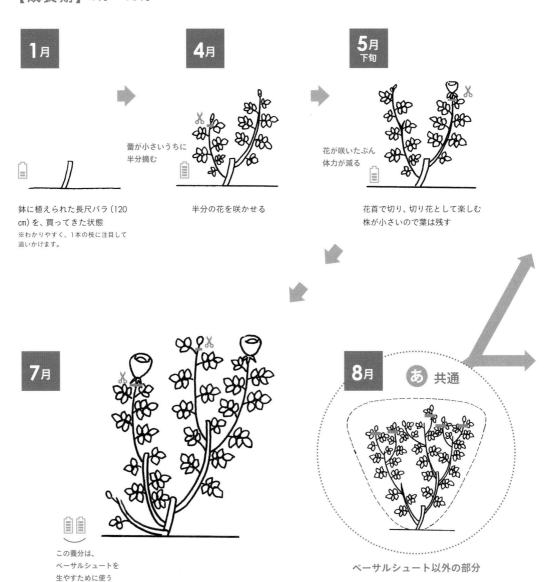

1月

鉢に植えられた長尺バラ（120cm）を、買ってきた状態
※わかりやすく、1本の枝に注目して追いかけます。

4月

蕾が小さいうちに半分摘む

半分の花を咲かせる

5月下旬

花が咲いたぶん体力が減る

花首で切り、切り花として楽しむ
株が小さいので葉は残す

7月

この養分は、ベーサルシュートを生やすために使う

8月 あ 共通

ベーサルシュート以外の部分

ベーサルシュートが房咲きとなるタイプ

初年は半分の雷を切って、養分ロスを減らします。

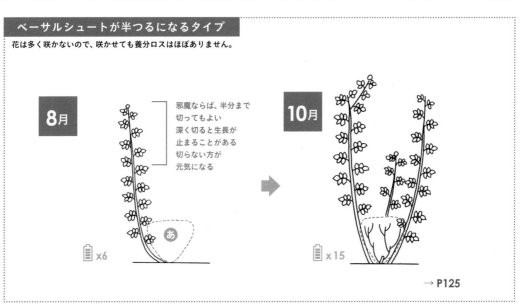

8月 ✂ x4

10月 x8

→ P124

ベーサルシュートが半つるになるタイプ

花は多く咲かないので、咲かせても養分ロスはほぼありません。

8月 x6

邪魔ならば、半分まで
切ってもよい
深く切ると生長が
止まることがある
切らない方が
元気になる

10月 x15

→ P125

木立性・半つる性バラの「木立仕立て」編

【休眠期】12月〜2月

ベーサルシュートが房咲きとなるタイプ

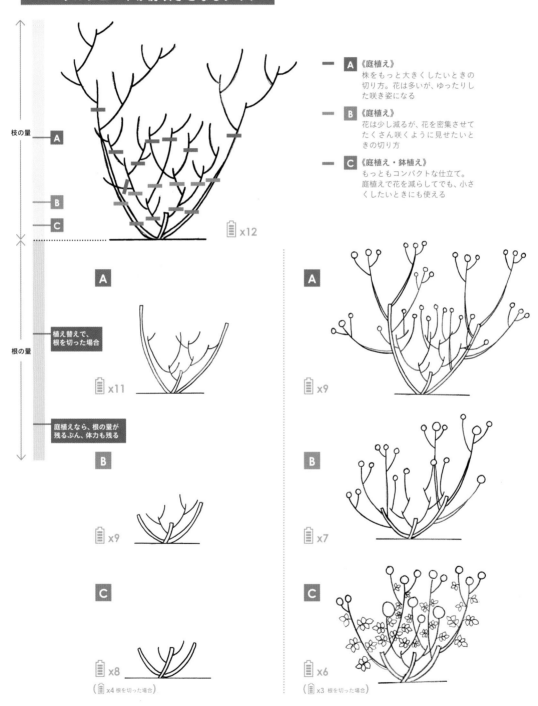

A 《庭植え》
株をもっと大きくしたいときの切り方。花は多いが、ゆったりした咲き姿になる

B 《庭植え》
花は少し減るが、花を密集させてたくさん咲くように見せたいときの切り方

C 《庭植え・鉢植え》
もっともコンパクトな仕立て。庭植えで花を減らしてでも、小さくしたいときにも使える

枝の量
A
B
C

根の量

植え替えで、根を切った場合

庭植えなら、根の量が残るぶん、体力も残る

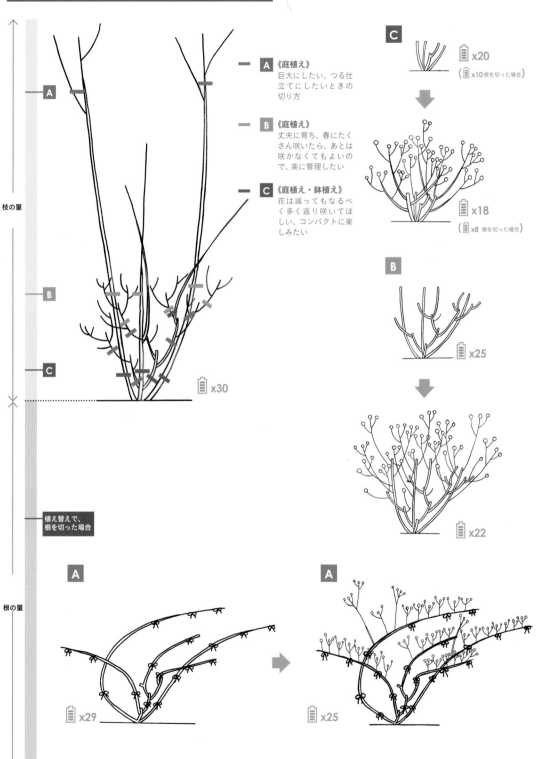

A 《庭植え》
巨大にしたい、つる仕
立てにしたいときの
切り方

B 《庭植え》
丈夫に育ち、春にたく
さん咲いたら、あとは
咲かなくてもよいの
で、楽に管理したい

C 《庭植え・鉢植え》
花は減ってもなるべ
く多く返り咲いてほ
しい、コンパクトに楽
しみたい

枝の量

根の量

植え替えで、
根を切った場合

x30

C x20
(x10 根を切った場合)

x18
(x8 根を切った場合)

B x25

x22

A x29

A x25

Rose
picture
book
1

Rose
picture
book
2

Rose
picture
book
3

How to
grow
4

Garden
style
5

つるの長さのコントロール編（一回咲き、その他共通）

誘引する面が広ければ、つるを長く伸ばしたほうが、早く仕上げられます。
逆に、誘引する面が狭ければ、
短めのつるを多くしたほうが、早く仕上げられます。

つるを長く伸ばす方法

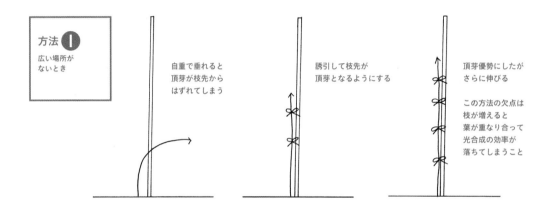

方法 ❶
広い場所が
ないとき

自重で垂れると
頂芽が枝先から
はずれてしまう

誘引して枝先が
頂芽となるようにする

頂芽優勢にしたが
さらに伸びる

この方法の欠点は
枝が増えると
葉が重なり合って
光合成の効率が
落ちてしまうこと

方法 ❷
広い場所があれば、こ
の方法が最速で大きく
できる。

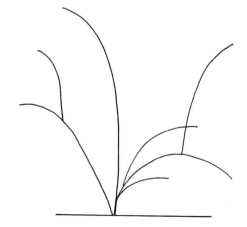

誘引せずに、広げて育てる
こうするとすべての葉に日が当たり
光合成の効率が最大になる

このまま2～3年育てると
巨大なドーム状になる
この中から、太くて長いつるを
選んで誘引する

Rose
picture
book
1

Rose
picture
book
2

Rose
picture
book
3

How to
grow
4

Garden
style
5

つるを短く多くする方法　寒冷地ではおすすめしません

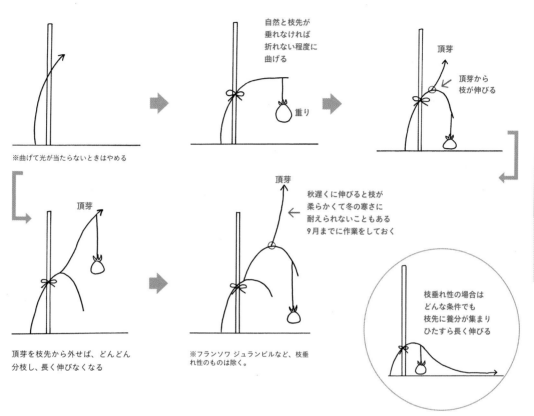

※曲げて光が当たらないときはやめる

自然と枝先が
垂れなければ
折れない程度に
曲げる

重り

頂芽

頂芽から
枝が伸びる

頂芽

頂芽を枝先から外せば、どんどん
分枝し、長く伸びなくなる

頂芽

秋遅くに伸びると枝が
柔らかくて冬の寒さに
耐えられないこともある
9月までに作業をしておく

※フランソワ ジュランビルなど、枝垂
れ性のものは除く。

枝垂れ性の場合は
どんな条件でも
枝先に養分が集まり
ひたすら長く伸びる

column

花芽のでき方

一回咲きとそれ以外は、花芽のできる時期が異なります。

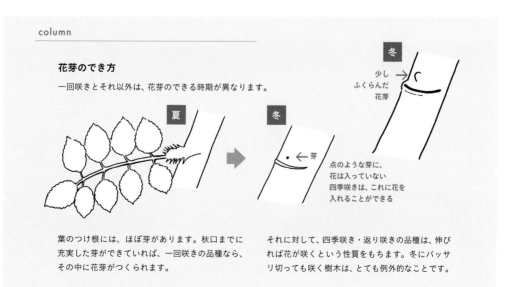

夏

冬

冬

少し
ふくらんだ
花芽

芽

点のような芽に、
花が入っていない
四季咲きは、これに花を
入れることができる

葉のつけ根には、ほぼ芽があります。秋口までに
充実した芽ができていれば、一回咲きの品種なら、
その中に花芽がつくられます。

それに対して、四季咲き・返り咲きの品種は、伸び
れば花が咲くという性質をもちます。冬にバッサ
リ切っても咲く樹木は、とても例外的なことです。

127

Larissa Balconia

美しいバラの
ガーデンスタイル

好きなバラを主役にし、お庭をグレードアップ
させるには、いくつかのポイントがあります。
お庭の形、日当たり、借景などを考慮し、
幅広い観点からのプランニングが必要です。
これからご紹介する5つのプランの中から、
ご自宅のお庭にもっとも近い条件のものを
選んでいただき、そのまま真似するか、
エッセンスを採り入れるだけでも、美しい
ローズガーデンを完成させることができます。

Rose List の見方

■ 薄ピンク色系
▥ 濃いピンク色系
▦ 赤色系
■ 黄色系
□ 白色系
■ オレンジ, アプリコット色系
■ 紫系
🌹 絵画の中にあるバラ

Plan 1

寄せ鉢の手法で、アプローチ・ガーデン

寄せ鉢でバラを楽しむ、管理しやすいプランです。

Rose List

**幅を取らない
四季咲きのバラを選びます。
バラの鉢は寄せ植えしないほうが
管理しやすいです。**

- ■ グレーテル
- ■ ラリッサ バルコニア
- ■ スイート ドリフト
- ■ チェリー ボニカ
- ■ プリンセス ヴェール
- □ アンドレ グランディエ
- ■ ダブル ノック アウト
- □ ヨハネ パウロ 2 世
- □ レヨン ドゥ ソレイユ
- ■ ディープ ボルドー
- ■ レッド レオナルド ダ ビンチ
- ■ アプリコット キャンディ
- ■ フューチャー パフューム
- ■ G.D. ルイーズ
- 🌹 □ ステファニー グッテンベルク
- ■ 令の風

🌹 絵画の中にあるバラ

🍃 絵画の中にある植物

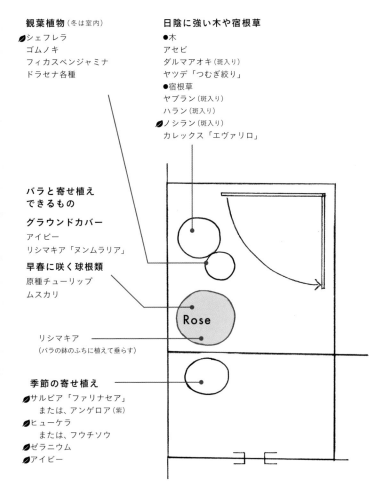

観葉植物（冬は室内）
🍃 シェフレラ
　ゴムノキ
　フィカスベンジャミナ
　ドラセナ各種

日陰に強い木や宿根草
●木
　アセビ
　ダルマアオキ（斑入り）
　ヤツデ「つむぎ絞り」
●宿根草
　ヤブラン（斑入り）
　ハラン（斑入り）
🍃 ノシラン（斑入り）
　カレックス「エヴァリロ」

**バラと寄せ植え
できるもの**
グラウンドカバー
アイビー
リシマキア「ヌンムラリア」

早春に咲く球根類
原種チューリップ
ムスカリ

Rose

リシマキア
（バラの鉢のふちに植えて垂らす）

季節の寄せ植え
🍃 サルビア「ファリナセア」
　または、アンゲロア（紫）
🍃 ヒューケラ
　または、フウチソウ
🍃 ゼラニウム
🍃 アイビー

column

**玄関のひさしの下は雨が当たらないため、
育てやすいバラが増えます。**

マンションのベランダやポーチ、屋根つきカーポートなどは、バラに雨が当たらないので黒星病になりにくい場所です。庭植えで育ちにくいものは、日当たりが確保できるなら、このような場所で育てるとよいでしょう。

玄関は家の顔です。華やかにして、家人やお客様
をお迎えしましょう。花だけではなく、色とりど
りの葉の色や葉の形、大きさの異なるものを合わ
せると、互いが引き立ちます。3時間以上の日光
が当たるならば、バラを加えてみてください。

Rose
picture
book
1

Rose
picture
book
2

Rose
picture
book
3

How to
grow
4

Garden
style
5

常緑の観葉植物やカラー
リーフの低木などで高さを
出し、バラが咲いていない
ときの賑わいをプラス。バ
ラに影を落とさないように
しましょう。

バラは常に咲くわけではあ
りません。バラの前には毎
日花が咲くような草花で飾
りましょう。春から秋まで、
寄せ植えは2～3か月で入
れ替えます。晩秋から早春
は、入れ替えしなくても長
く楽しめます。

N

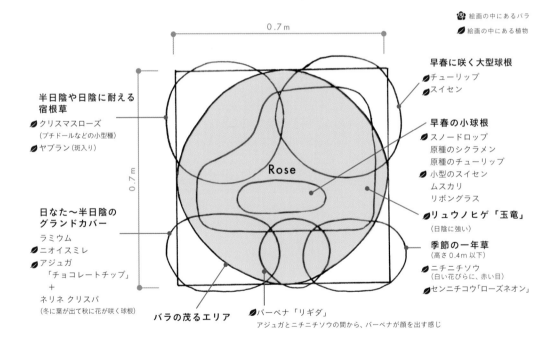

Plan 2 バラ1本だけで、スモールガーデン

たった1本のバラを植えるだけで、その場がパッと輝きます。

Rose List

半直立樹形で、
1メートル以上に育つ
品種を選びます。

- ■ チェリー ボニカ
- □ クードゥ クール
- ▢ レモン フィズ
- ■ メルヘンツァウバー
- ■ ダブル ノック アウト
- ▢ ブラッシング ノック アウト
- ▢ アンドレ グランディエ
- ■ プラム パーフェクト

- ■ ノヴァーリス
- ■ G.D. ルイーズ
- ■ ディープ ボルドー
- ■ アプリコット キャンディ
- ■ カインダ ブルー
- ■ レッド レオナルド ダ ビンチ
- 🌹■ ハンス ゲーネバイン

🌹 絵画の中にあるバラ
🍃 絵画の中にある植物

0.7m

0.7m

半日陰や日陰に耐える宿根草
- 🍃 クリスマスローズ
  （プチドールなどの小型種）
- 🍃 ヤブラン（斑入り）

日なた～半日陰のグランドカバー
- ラミウム
- 🍃 ニオイスミレ
- 🍃 アジュガ
  「チョコレートチップ」
  ＋
- ネリネ クリスパ
  （冬に葉が出て秋に花が咲く球根）

バラの茂るエリア

Rose

早春に咲く大型球根
- 🍃 チューリップ
- 🍃 スイセン

早春の小球根
- 🍃 スノードロップ
  原種のシクラメン
  原種のチューリップ
- 🍃 小型のスイセン
  ムスカリ
  リボングラス

- 🍃 リュウノヒゲ 「玉竜」
  （日陰に強い）

季節の一年草
（高さ 0.4m 以下）
- 🍃 ニチニチソウ
  （白い花びらに、赤い目）
- 🍃 センニチコウ「ローズネオン」

🍃 バーベナ 「リギダ」
アジュガとニチニチソウの間から、バーベナが顔を出す感じ

---

column

コントロールが難しいグランドカバーリスト（内：カーペット状になったときの厚さ）

年月をかけて厚く広がります。小型の植物とは共存できません。ただし、★印の植物だけでバラの株元を覆うのは可能です（除：ドーム樹形のバラ）

- ★ハツユキカズラの仲間（20cm）
- ・ミントの仲間40cm～60cm（ペニーロイヤル、キャットミントは可）
- ・モナルダ40cm～70cm
- ・青色フジバカマ20cm（寒冷地）～50cm
- ★ワイヤープランツ20cm～30cm

バラのまわりは、季節の光の当たり方の違いを
上手に使います。バラの下や北側は、バラの葉
が茂っているときは日陰です。そのため、日陰
に強い植物や、この季節に休眠している植物を
使います。ただし、バラの葉は虫や病気でなく
なることもあるので、日なたでも日焼けしない
植物が安心です。晩秋から早春はバラの落葉期。
冬から春に葉を広げる植物（チューリップなど）
を積極的に使いましょう。

Rose
picture
book
1

Rose
picture
book
2

Rose
picture
book
3

How to
grow
4

Garden
style
5

バラの株元を利用するので、
株の下に空間ができない横
張り樹形やドーム形樹形の
下は混植に向かない。

バラが落葉している、冬か
ら早春は日がよく当たる。

草花はバラの樹高（花を除
いた高さ）の1/3以下のも
のを選びます。

常に光が当たるので、花つき
のよい草花でにぎやかに。常
に花がある長く咲くもの。も
しくは、花後に美しい花が残
るグラウンドカバーがよい。

N

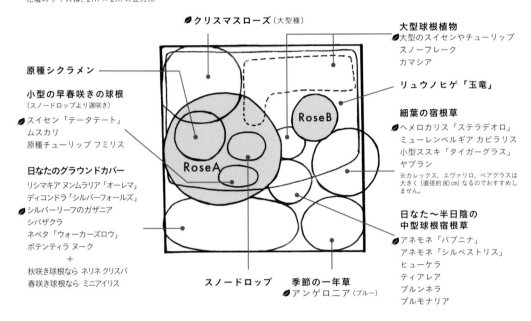

Plan 3 オベリスクを使った、立体的なガーデン

小型の四季咲きバラとオベリスクで、狭くてもおしゃれに演出できます。

花壇のサイズは、2m × 2m の正方形

🍃クリスマスローズ（大型種）

大型球根植物
🍃大型のスイセンやチューリップ
スノーフレーク
カマシア

原種シクラメン

リュウノヒゲ「玉竜」

小型の早春咲きの球根
（スノードロップより遅咲き）
🍃スイセン「テータテート」
ムスカリ
原種チューリップ フミリス

細葉の宿根草
🍃ヘメロカリス「ステラデオロ」
ミューレンベルギア カピラリス
小型ススキ「タイガーグラス」
ヤブラン
※カレックス、エヴァリロ、ベアグラスは
大きく（直径約80cm）なるのでおすすめし
ません。

RoseB

RoseA

日なたのグラウンドカバー
リシマキア ヌンムラリア「オーレマ」
ディコンドラ「シルバーフォールズ」
🍃シルバーリーフのガザニア
シバザクラ
ネペタ「ウォーカーズロウ」
ポテンティラ ヌーク
＋
秋咲き球根なら ネリネ クリスパ
春咲き球根なら ミニアイリス

**日なた～半日陰の
中型球根宿根草**
🍃アネモネ「パブニナ」
アネモネ「シルベストリス」
ヒューケラ
ティアレア
ブルンネラ
プルモナリア

スノードロップ

季節の一年草
🍃アンゲロニア（ブルー）

Rose List A

🌹絵画の中にあるバラ
🍃絵画の中にある植物

Rose List B

やや狭い場所向きです。

オベリスク直径30cm×高さ2m（地上部）に向く品種ですが、成長のスピードが異なります。

■ グレーテル
□ ステファニー グッテンベルク
■ ラリッサ バルコニア
■ スイート ドリフト
■ チェリー ボニカ
■ クードゥクール
■ メルヘンツァウバー
■ ダブル ノック アウト
□ ティップン トップ
□ アンドレ グランディエ
■ プラム パーフェクト

■ ディープ ボルドー
🌹■ アプリコット キャンディ
□ カインダブルー
□ ヨハネパウロ2世
□ レヨンドゥ ソレイユ
■ レッド レオナルド ダ ビンチ
■ ラベンダー メイディランド
□ ソレロ
□ リモンチェッロ
□ ハンス ゲーネバイン

▲□ コスモス
●□ ブラッシング ノック アウト
■■ レッド レオナルド ダ ビンチ
■■ マリア テレジア
▲□ ソレロ
🌹●■ アミ ロマンティカ
■□ イルミナーレ
■■ 桜衣
●□ シンデレラ
■■ クリスティアーナ

▲ 時間はかかるがおすすめ
● やや時間がかかる
■ 比較的すぐ伸びる

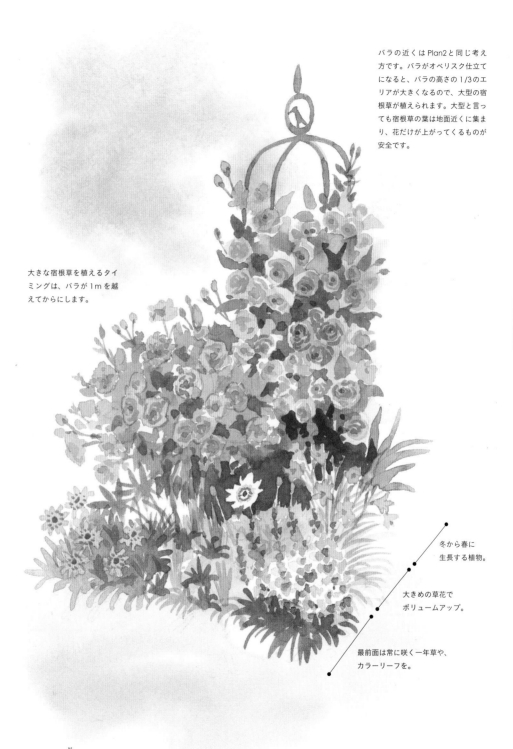

バラの近くは Plan2 と同じ考え
方です。バラがオベリスク仕立て
になると、バラの高さの１/３のエ
リアが大きくなるので、大型の宿
根草が植えられます。大型と言っ
ても宿根草の葉は地面近くに集ま
り、花だけが上がってくるものが
安全です。

大きな宿根草を植えるタイ
ミングは、バラが１ｍを越
えてからにします。

冬から春に
生長する植物。

大きめの草花で
ボリュームアップ。

最前面は常に咲く一年草や、
カラーリーフを。

N

Plan 4 バラが咲き乱れる、ドリームガーデン

高さのある構造物を使えば、狭いスペースでもおしゃれに演出できます。

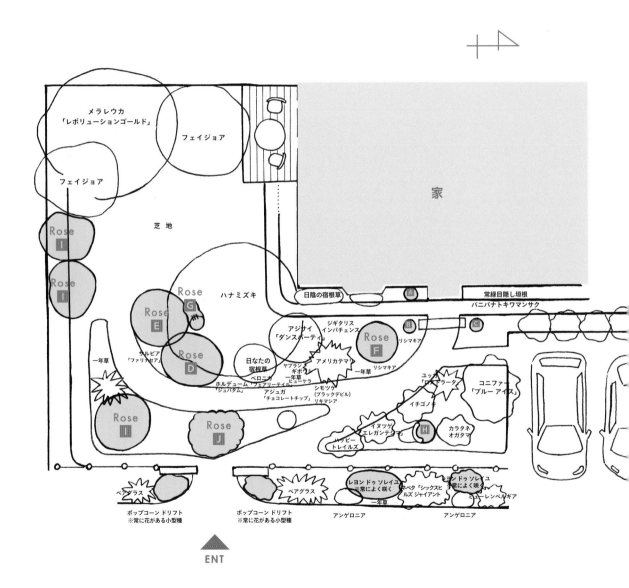

メラレウカ
「レボリューションゴールド」

フェイジョア

フェイジョア

芝地

家

Rose A

Rose B

Rose C
Rose E
ハナミズキ

Rose G

日陰の宿根草

常緑目隠し垣根
バニバナトキワマンサク

一年草

サルビア
「ファリナセア」

Rose D

日なたの
宿根草

アジサイ
「ダンスパーティ」

ジギタリス
インパチェンス

ヤブラン
ギボウシ
ヒューケラ
一年草

アメリカテマリ

Rose F

リシマキア

一年草 リシマキア

ホルデューム「フェアリーテイル」
ベロニカ
「ジュバダム」
アジュガ
「チョコレートチップ」

シモツケ
(ブラックデビル)
リキマシア

ユッカ
「ロストラータ」

コニファー
「ブルー アイス」

イチゴノキ

Rose I

Rose J

イヌツゲ
エレガンテシマ

ハッピー
トレイルズ

Rose H

カラタネ
オガタマ

ベアグラス

ベアグラス

レヨンドゥソレイユ
※常によく咲く
一年草

コベタ「シックスヒ
ルズ ジャイアント」

レヨンドゥソレイユ
※常によく咲く

ミューレンベルギア

ポップコーン ドリフト
※常に花がある小型種

ポップコーン ドリフト
※常に花がある小型種

アンゲロニア

アンゲロニア

ENT

Rose List

A 【窓の前】
とげが少ないほうが何かと便利。古典だが

🌹■ モッコウバラ 黄八重
■□ モッコウバラ 白八重
これらは他のバラが咲くころには散っている。

B 高さ2mのアーチをほとんどを覆う

●■ ロートケプヘン
■■ フロレンティーナ
●■ つる ローズ うらら【おすすめ】
🌹■■ ジャスミーナ
●● スーリール ドゥ モナ リザ
■ イルミナーレ
■□ ブラン ピエール ドゥ ロンサール
■■ ブリーズ パルファン

C 高さ2mのアーチの脚部分だけをカバー

🌹●■ アミ ロマンティカ【おすすめ】
●■ シンデレラ
■■ 桜衣
●■ シャリマー
●■ ブラッシング ノック アウト
●□ クリスティアーナ
▲□ コスモス
▲ リモンチェッロ
▲ ソレロ
■■ レッド レオナルド ダ ビンチ

D 木の下という少し日の当たりにくい場所でもよく伸びて咲くやや大型の品種

■ ティップ トップ
■ ノヴァーリス
■ ウェディング ベルズ
🌹■ レッド レオナルド ダ ビンチ
■ ビバリー【おすすめ】
■ アライブ
■ マイ ガーデン

■ マリア テレジア

E 広々した場所でふんわりボリュームもあって茂り、よく咲く

■ グレーテル
■ ラベンダー メイディランド
■ ハンス ゲーネバイン
🌹■ リモンチェッロ【おすすめ】
□ ソレロ
■ クー ドゥ クール
■ ブラッシング ノック アウト

F エントランスで香りよく窓を塞がない高さ

■ ガーデン オブ ローゼズ
🌹■ メルヘンツァウバー【おすすめ】
■ ディープ ボルドー
■ アプリコット キャンディ
□ ステファニー グッテンベルク
■ フューチャー パフューム
■ G.D. ルイーズ

G オベリスクを伝ってハナミズキから枝垂れ咲く
ハナミズキから咲かせる長い枝は3本くらいに限定しないとハナミズキが傷むので注意

■ ジャスミーナ
🌹■ フロレンティーナ【おすすめ】
□ 新雪
■ 桜衣
■ 羽衣
■ ピエール ドゥ ロンサール
□ ブラン ピエール ドゥ ロンサール

H 高さ2mのオベリスク

🌹●■ アミ ロマンティカ【おすすめ】
●■ シンデレラ
■■ 桜衣
●■ シャリマー
●■ ブラッシング ノック アウト

■□ クリスティアーナ
▲□ コスモス（Hにおすすめ）
▲ リモンチェッロ
▲ ソレロ
■■ レッド レオナルド ダ ビンチ

I 外からもフェンス越しにバラらしいバラが咲いているのが見える

■ メルヘンツァウバー
■ ダブル ノック アウト
■ ティップ トップ
🌹■ ノヴァーリス【おすすめ】
割と大きいので目隠しとしても機能
■ ウェディング ベルズ
■ アンドレ グランディエ
■ ディープ ボルドー
（もう一つ隣に植えるならこれ）
■ レッド レオナルド ダ ビンチ
■ マリア テレジア
■ ビバリー
■ マイ ガーデン

J エントランスを見渡せる高さで繰り返し良く咲く狭い花壇なのであまり横に広がらない

🌹■ グレーテル
■ スイート ドリフト
■ スカーレット ボニカ
■ チェリー ボニカ【おすすめ】
■ ダブル ノック アウト
□ ホワイト ノック アウト
■ フロキシー ベビー
■ ラリッサ バルコニア

▲ 時間はかかるがおすすめ
● やや時間がかかる
■ 比較的すぐ伸びる

🌹 絵画の中にあるバラ

Plan4 バラが咲き乱れる、ドリームガーデン

庭が広くなると、大型のつる性のバラや、つる
仕立てと共に、樹木で色・形の変化をつけましょ
う。大きくなる木はバラに陰を落とさないよう
にします。バラは落葉樹なので、玄関の目隠し
となる常緑樹を植えておきます。基本の植え込
みはPlan2・3と変わりません。冬でもさみし
くならないように常緑の草木と、冬に葉が出て
くる草木を利用しましょう。

Rose
picture
book
1

Rose
picture
book
2

Rose
picture
book
3

How to
grow
4

Garden
style
5

Plan 5 庭石や水を配した、和モダンガーデン

縁側がある和建築、石が配された和庭園にもバラは映えます。

Rose List

野趣のある一重のバラ、
コロンとしてシンプルな花形の
バラなどが似合います。

- ■ イザヨイバラ
- 🌹■ サンショウバラ
- □ 淡雪
- ■ キャンディア メイディランド
- □ ソレロ
- ■ ピンク ドリフト
- ■ ロザリー ラ モリエール
- □ アイスバーグ
- ■ ブラッシング ノック アウト
- □ ダブル ノック アウト
- ■ クー ドゥ クール
- ■ チェリー ボニカ
- ■ ニューサ
- ■ リュシオール
- 🌹■ レモン フィズ
- ■ オールド ブラッシュ
- ■ フロキシー ベビー
- 🌹□ ホワイト ノック アウト
- ■ ラベンダー メイディランド
- ■ リモンチェッロ
- 🌹□ ゼペティ

🌹 絵画の中にあるバラです

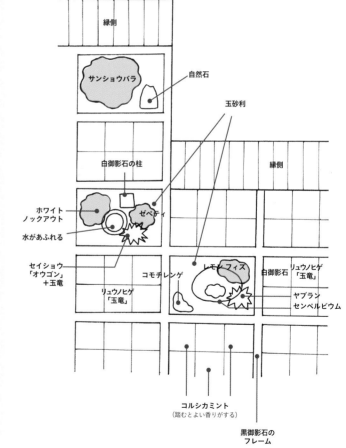

縁側

サンショウバラ

自然石

玉砂利

白御影石の柱

縁側

ホワイト
ノックアウト

ゼペティ

水があふれる

セイショウ
「オウゴン」
＋玉竜

コモチレンゲ

レモン フィズ

白御影石

リュウノヒゲ
「玉竜」

リュウノヒゲ
「玉竜」

ヤブラン
センペルビウム

コルシカミント
（踏むとよい香りがする）

黒御影石の
フレーム

空間美。「何もないようで存在感がある」というのが、日本の「引き算的」な美学。バラと合うように、渋さよりも華のあるデザインにしました。

Rose
picture
book
1

Rose
picture
book
2

Rose
picture
book
3

How to
grow
4

Garden
style
5

家の北側であっても、夏は日が北寄りから昇り、日が当たります。広く開けた北側の庭ならば、バラの庭はつくれます。

白御影石のステップストーンと、リュウノヒゲ「玉竜」の市松模様を、全体のベースに。リュウノヒゲ「玉竜」であれば、バラが大きく茂っても、バラの落葉期に日が当たり、生き延びます。カラカラに乾かさないように注意。

N or N

INDEX

●ア

アイスバーグ…63
アプリコット キャンディ…71
アミ ロマンティカ…42
アライブ…62
アルベリック バルビエ…14
淡雪…41
アンジェラ…24
アンドレ グランディエ…78
イザヨイバラ…60
イルミナーレ…33
ウェディング ベルズ…64
オールド ブラッシュ…86
オドゥール ダ ムール…35
オランジュリー…41
オリビア ローズ オースチン…52

●カ

ガーデン オブ ローゼズ…86
カインダ ブルー…87
岳の夢…88
キャンディア メイディランド…56
クイーン エリザベス…64
クー ドゥ クール…76
クラリス…37
グリーン アイス　　…89
クリスティアーナ…34
グレーテル…77
グレーフィン ディアナ…28
コスモス…53
コリン クレイヴン…73

●サ

桜衣…29
サンショウバラ…61
G.D. ルイーズ…77
シシリエンヌ…72
ジャスミーナ…24
シャドウ オブ ザ ムーン…89
シャリマー…47
シャルール…99
ジュール ヴェルヌ…40
シュビラ…90
シュリンクス…36

新雪…26
シンデレラ…40
スウィート ドリフト…92
スーリール ドゥ モナ リザ…43
スカーレット ボニカ…84
ステファニー グッテンベルク…90
スパニッシュ ビューティー…21
セフィーロ…74
ゼペティ…85
ソレロ…56

●タ

ダフネ…36
ダブル ノック アウト…71
チェリー ボニカ…84
つる アイスバーグ…37
つる ローズ うらら…51
ティアーモ…85
ディープ ボルドー…91
ティップン トップ…66
デズデモーナ…80
トリニティ…57
トロイメライ…65

●ナ

ナニワイバラ…17
ニューサ…79
ノヴァーリス…67
ノック アウト…68

●ハ

パートナー…32
羽衣…27
バニラ ボニカ…44
ハンス ゲーネバイン…45
ピエール エルメ…32
ピエール ドゥ ロンサール…30
ビバリー…70
ピンク ドリフト…57
ファイア オブ プロメテウス…75
フューチャー パフューム…80
ブラッシング ノック アウト…69
プラム パーフェクト…94
フランソワ ジュランビル…15
ブラン ピエール ドゥ ロンサール…31

ブリーズ パルファン…38
プリンセス　ヴェール…95
フロキシー ベビー…96
フロレンティーナ…25
ベン ウェザースタッフ…79
ポールス ヒマラヤン ムスク…16
ポップコーン ドリフト…93
ホワイト ノック アウト…97

●マ

マイ ガーデン…69
マイ ローズ…98
マリア テレジア…46
マリー ヘンリエッテ…47
メアリー レノックス…72
メルヘンツァウバー…82
モッコウバラ 黄一重…19
モッコウバラ 黄八重…18
モッコウバラ 白一重…20
モッコウバラ 白八重…20

●ヤ

ヨハネ パウロ 2世…81

●ラ

ラブリー メイアン…55
ラベンダー メイディランド…97
ラリッサ バルコニア…102
リサ　リサ…99
リモンチェッロ…101
リュート…39
リュシオール…78
リラ…98
令の風…83
レッド レオナルド ダ ビンチ…48
レモン フィズ…83
レヨン ドゥ ソレイユ…100
ローズ ドゥ グランビル…38
ローズ ブラッシュ…53
ローズ ポンパドール…35
ローゼンドルフ シュパリースホップ…50
ロートケプヘン…49
ロザリー ラ モリエール…54

著者
村上 敏 （むらかみ さとし）

京成バラ園
ヘッドガーデナーローズブリーダー

1990年、京成バラ園芸に入社し、バラの品種改良、海外業務、通信販売を担当。2015年、ヘッドガーデナーになる。バラをはじめとする植物全般に造詣が深く、植物の愛好者たちに栽培法などをわかりやすく解説。京成バラ園の庭園のコンセプトプランやデザインを手がける他、ファンケル 銀座スクエアのバラ展のデザイン・施工を行うなど、幅広い活動をしている。Eテレ「趣味の園芸」、NHK「あさイチ」などにも出演。さらに、全国各地のセミナーで講師を担当し、好評を博している。著書に『はじめてのバラとつるバラ』（成美堂出版）『モダンローズ』『つるバラの選び方・育て方・仕立て方』（誠文堂新光社）などがある。

世界一やさしいバラづくり

2021年6月1日　第1刷発行

著　者　村上 敏

発行者　吉田芳史

印刷所　図書印刷株式会社

製本所　図書印刷株式会社

発行所　株式会社 日本文芸社
　　　　〒135-0001　東京都江東区毛利2-10-18 OCMビル
　　　　TEL.03-5638-1660（代表）
　　　　URL　https://www.nihonbungeisha.co.jp/

図鑑と庭園の画像撮影
　村上 敏

図鑑の画像提供
　バラの家
　メイアン

STAFF

ブックデザイン　久保多佳子（haruharu）

透明水彩画　青木美和

イラスト　内藤あゆ美

撮影　天野憲仁（日本文芸社）：Chapter4

編集協力　雨宮敦子（Take One）

Printed in Japan 112210516-112210516 Ⓝ01（080017）
ISBN978-4-537-21897-8
©Satoshi Murakami 2021

内容に関するお問い合わせは、小社ウェブサイトお問い合わせフォームまでお願いいたします。
ウェブサイト　https://www.nihonbungeisha.co.jp/

乱丁・落丁などの不良品がありましたら、小社製作部宛にお送りください。
送料小社負担にておとりかえいたします。
法律で認められた場合を除いて、本書からの複写・転載（電子化を含む）は禁じられています。
また、代行業者等の第三者による電子データ化および電子書籍化は、いかなる場合も認められていません。（編集担当：坂）